# 媒介素养

（彩色漫画版　第二版）

MEIJIE SUYANG

小学高年级适用

张海波　主编

南方日报出版社
NANFANG DAILY PRESS
中国·广州

图书在版编目（CIP）数据

媒介素养：彩色漫画版 / 张海波主编. —2版. —广州：南方日报出版社，2016.3
ISBN 978-7-5491-1386-6

Ⅰ. ①媒… Ⅱ. ①张… Ⅲ. ①传播媒介－素质教育 Ⅳ. ①G206.2

中国版本图书馆CIP数据核字(2016)第060023号

媒介素养（彩色漫画版·第二版） 小学高年级适用 张海波 主编

出版发行：南方日报出版社
地　　址：广州市广州大道中289号
电　　话：（020）83000502
经　　销：全国新华书店
印　　刷：广东信源彩色印务有限公司
开　　本：787㎜×1092㎜ 1/16
印　　张：5.75
字　　数：55千字
版　　次：2016年3月第2版
印　　次：2016年3月第3次印刷
定　　价：15.00元

投稿热线：（020）83000503 读者热线：（020）83000502
网址：http://www.nfdailypress.com/
发现印装质量问题，影响阅读，请与承印厂联系调换

# 《媒介素养》丛书顾问委员会名单

（按姓氏笔画排序）

乔迪•特伦特（Jordi　Supervisor）　联合国文明联盟媒介素养部主任

王天德　浙江传媒学院媒介素养研究所常务副所长，教授

石义彬　武汉大学新闻与传播学院院长、教授、博士生导师

刘海陵　羊城晚报报业集团总编辑

刘堂江　中国教育学会常务副会长

刘　康　美国杜克大学中国传媒研究中心主任

向　熹　广东南方影视传媒集团副总经理，全国新闻出版标准化技术委员会委员

孙云晓　中国青少年研究中心副主任、研究员

张人杰　广东省教育学研究会理事长、第三届国务院学位委员会学科评议组成员，博士生导师、教授

张志安　中山大学传播与设计学院院长、教授

张学波　华南师范大学教育信息技术学院副院长、教授、博士生导师

李小鲁　广东省教育厅原副厅长，广东思想政治教育研究会会长，国家督学、博士生导师

李月莲　香港浸会大学新闻传播系主任、香港传媒教育协会副主席

李学谦　中国少年儿童新闻出版总社社长

陈冰清　团中央中国少先队工作学会副会长

陈菊红　腾讯公司副总裁，腾讯网络媒体总编辑

范以锦　暨南大学新闻与传播学院院长、教授、博士生导师

赵中源　广州大学政治与公民教育学院院长、教授

骆冬松　南京理工大学设计艺术与传媒学院新闻与传播学系主任、副教授

姚铁洁　广东省教育研究院基础教育研究室副主任，高级教师

康丽颖　首都师范大学教育学院副院长、教授、博士生导师

黄常开　南方报业传媒集团总经理

## 《媒介素养》丛书编辑委员会名单

主　　编：张海波

编　　著："青少年媒介素养教育研究"课题组

编　　委：杨晓红　陈丽銮　郑旖旎　陈启立

　　　　　邱丽华　吴姗滢　敖爱珠

插图设计：麦洁君　古雯瑶　吴启凡

# 目录 CONTENTS


2 我们一起学媒介
4 媒介，我们成长的好朋友
9 图书
13 报纸
18 电影
24 广播
28 电视
33 电脑
37 网络
44 电话
46 手机
51 QQ与博客
57 电视节目与视频网站
62 流行音乐
66 广告
71 动漫
77 电子游戏
81 记者和新闻
86 媒介的兴衰与发展

# 我们一起学媒介

亲爱的同学们：

大家有没有想过，当我们还在妈妈肚子里的时候，就和媒介打交道了。

那时，为了让我们更早地接受艺术熏陶，妈妈开始用音乐来胎教。出生后，我们开始听到手机、电视机、音响中传来的各种稀奇古怪的声音，后来又可以看电视节目、在汽车上听广播了。我们坐在爸爸的电脑前，拿起鼠标，学着爸爸的样子敲打键盘。对了，我们最爱玩妈妈的手机啦，除了打电话、发微信，还可以玩游戏。上学后，我们接触了更多的媒介：书本、校园广播、网站、报纸、杂志、QQ、微博，我们还可以参加校园的小记者站，尝尝当小记者的神气滋味呢。

这就是神通广大，又无所不在的媒介。正是它们，让我们可以了解天下大事，可以学到许多课堂上没有的知识，它们可以供我们娱乐游戏，也可以让我们与人交流联络，展示和表达自我。

媒介像大自然一样，是我们生长的环境，我们在媒介构成的信息时代中成长；

媒介像空气和水一样，是我们离不开的宝贵资源，依靠它们，我们获取和传播信息；

媒介像汽车和飞机一样，是我们在信息高速公路上必需的工具，我们必须掌握驾驭媒介的知识和技能，才能在未来的工作中轻松胜任。

因此，我们要从小学习媒介知识，提高自己使用媒介的技能和素养，同时还要合理安全地使用媒介、善用媒介，让媒介为我们的学习和生活服务。当然，我们一定要按照媒介素养教育所倡导的，不沉迷网络，以免受到不良信息的侵袭。同时，当我们在微博、报刊等公共媒介发表意见表达心声时，要做到积极参与、理性守法。

媒介可以成为我们的好朋友。我们的共同努力可以让媒介变得更美好。

来，让我们打开这本书，一起走进媒介知识的课堂吧。

编　者

# 媒介，我们成长的好朋友

阿波老师，媒介是什么啊？

呵，能够传递信息的工具就是媒介。像：电脑、电视、手机、收音机、书报、书信等都属于媒介。

随着媒介技术的迅速发展，我们生活中的“媒介朋友”也越来越多。来，我们一起看看小介周末在家时的场景吧！你能从图中找出几样属于媒介的东西呢？

同学们有没有发现，媒介让我们变成了“千里眼”、“顺风耳”，我们足不出户就可以知道天下大事了。

# 媒介的发展历史

原始社会时期，人们通过相互喊话和在石壁上刻画符号进行交流。语言是当时人类最重要的交流媒介。

后来，中国人仓颉创造了汉字，文字媒介深刻影响人类社会的发展。

公元105年，中国的蔡伦改进了造纸术，纸成为生产图书的主要材料。

到1446年前后，德国人约翰尼斯·古登堡发明了金属活字排版印刷技术，图书开始大量生产。

1615年，《法兰克福新闻》创刊，这是世界上第一张“真正的”报纸。

美国人贝尔于1876年发明了电话，人类彻底打破了交流的时空界限。

法国人马雷于1882年发明了电影摄影机，促进了电影技术的发展。

1920年11月2日，世界上第一个无线广播电台KDKA电台，在美国匹兹堡开始了第一次广播。

1922年，全世界第一家广播电视台在伦敦成立，这就是大名鼎鼎的BBC。从此，我们进入了大众传媒的电视时代。

世界第一部计算机诞生于1946年的美国，由毛琪利与爱克特发明的这部计算机名字叫ENIAC。20世纪70年代，电脑开始进入家庭。

1991年，欧洲粒子物理研究所科学家蒂姆·伯纳斯·李开发了万维网和极其简单的浏览软件。此后，互联网开始向社会大众普及。

1992年12月3日，沃达丰公司的一位员工理查德·贾维斯接收到世界上第一条手机短信“Happy Christmas”，当时他正在英格兰参加预祝圣诞节的舞会。

2006年3月，美国人威廉姆斯建立了Twitter（推特）网站，微博开始深刻地影响人们的生活。

## 媒介发展时间轴

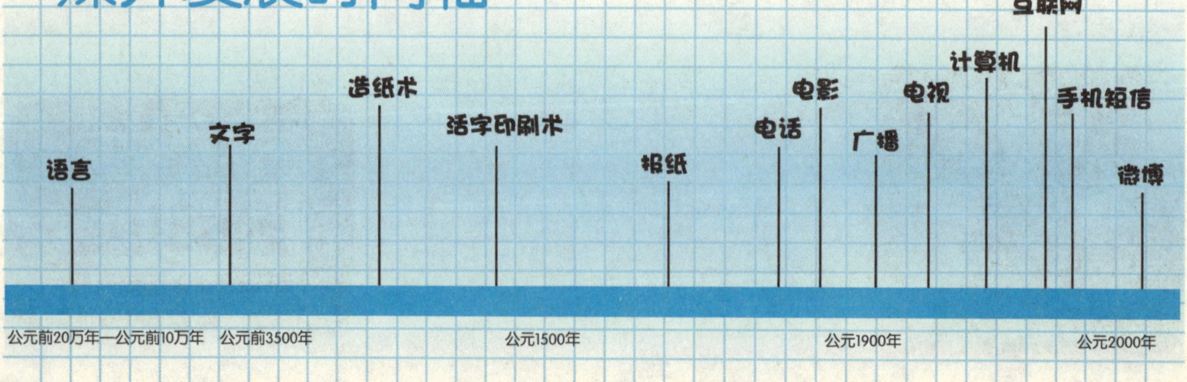

# 为什么要提升媒介素养

## 你身边有这样的人吗？

一天到晚惦记着玩游戏，影响了学习和身体。

迷上了偶像剧，疯狂追星，影响了生活与学习。

**阿波老师告诉你**

媒介素养是指我们懂得媒介知识，正确使用媒介，知道怎样去制作媒介的能力。

这两位同学因为不会正确使用媒介，影响了学习和生活。所以，培养良好的媒介素养很重要。希望同学们在使用媒介的时候，做到：要控制好使用媒介的时间，可以和爸爸妈妈一起讨论制定一个媒介使用的时间表；要会分辨信息的真伪，不要把媒介传达的内容和现实混为一谈……

## 提升媒介素养对我们有什么好处？

懂得媒介知识，可以运用各种媒介手段去获取我们想要的信息和知识。

学会使用媒介，我们能够在第一时间知道世界各地已经或正在发生的事情。

学会使用媒介，我们能交到很多朋友，即使大家相隔千里，从没见过面，也不妨碍相互间的沟通。

学会使用媒介，能让我们的生活拥有更多的乐趣。

学会使用媒介，能让我们的生活变得更加方便。

学会使用媒介，可以通过博客、相机、DV等，记录下我们生活中值得纪念的每一个画面。

学会使用媒介，还可以通过小记者实践，参与手抄报、校园杂志和校园广播站等各种媒介制作活动，更好地展现自己的风采。

**阿波老师告诉你**

媒介是个好东西，但如果我们不懂媒介知识，不会正确使用媒介，也会影响我们的学习、生活和身体哦。

## 媒介小作业

### 我和我的“媒介朋友”

同学们，除了上面讲的，你在生活中还用过哪些媒介呢？请把你身边的“媒介朋友”写下来。

我最喜欢的“媒介朋友”是：

______________________________

我为什么喜欢它：

______________________________

我和它的有趣故事：

______________________________

# 图书

书是人类用来记录一切成就的主要工具，也是人类交融感情，获得知识，传承经验的重要媒介。书对促进人类的发展有巨大的贡献。

## 图书的发展历史

### ·媒介小知识·

电子书：不仅可以在电纸书上展示，还可以在电脑、手机、平板电脑等设备上展示。电子书分有偿下载和免费下载两类。

电纸书：又称电子书阅读器，电纸书是电子书的一种展示平台，读者可以手持电纸书阅读里面的电子书。如汉王电纸书、翰林电纸书等。随着折叠式屏幕的出现，以后看电子书就更方便了。

# 电子书、纸质书大PK

## 纸质书的优点

- 不需要借助阅读工具阅读。
- 可以长久地保存，具有收藏价值。
- 阅读起来更舒服。

## 纸质书的缺点

- 体形笨重，占空间大，不方便携带。
- 共享性差，读者不可以同时阅读同一本书。
- 信息传递慢，价格较贵。

VS

## 电子书的优点

- 容量大，不费纸张，环保便宜。
- 把电子书放进手机、MP4、平板电脑里，就可以随身携带，随时阅读。
- 信息传递速度快，共享性好。
- 有图片、声音等多媒体功能，还可以改变字体大小。

## 电子书的缺点

- 下载电子书时必须连接网络。
- 电子书看久了，会影响视力。

·媒介小知识·

### 图书的分类

按图书在日常生活中的作用，可以把它分为以下9类：

1. 文学类：小说、散文、文学评论与研究、诗词歌赋、戏剧、传记等。
2. 经管类：经济学、管理学、金融、投资、理财、营销等。
3. 少儿类：动漫绘本、儿童启蒙、少儿科普、儿童文学、游戏手工、智力开发、少儿外语、家庭教育、儿童生活知识、儿童安全常识等。
4. 生活类：健康、养生、娱乐、时尚、旅游、家居、烹饪、饮食、运动健身等。
5. 人文社科：历史、哲学、宗教、国学、法律、社会科学、政治、军事、文化等。
6. 教辅类：教材、教辅、考试、外语、工具书等。
7. 励志类：励志、职场、创业、成功学、心灵读物、演讲与口才、情商、人际社交等。
8. 科技类：科普、工业、农林、通信、医学、自然科学、建筑等。
9. 艺术类：绘画、书法、设计、影视、雕塑、音乐、舞蹈、动画、戏剧、摄影等。

# 图书的出版流程

## 1. 选题策划

编辑通过市场调研提出内容选题，经过责任编辑、编辑室主任、出版社社长和总编辑审批通过，报省一级新闻出版局批准。

## 2. 选题报批

新闻出版部门对图书选题进行审批。

## 3. 组稿、编辑

选题经批准后，编辑组织稿件，组稿主要有以下几种形式：直接与作者签约组织稿件，或委托作者代理组织稿件。

## 4. 审稿

要经过责任编辑初审、编辑室主任复审和总编辑终审。

## 5. 确定印数和定价

图书定价和印数由各出版社营销部连同责任编辑根据市场调研情况分析确定。

## 6. 排版和印刷

书稿经社长（或总编辑）终审签发后，由相关设计单位完成封面设计和版式设计，并负责安排印刷商排版、印刷。

## 7. 发行和销售

印刷好的图书再次确认无误后，就可以向社会销售了。

· 媒介小知识 ·

### 网上书店

网上书店是指网站式的书店。网上书店采取在线销售的方式，售卖图书、电子书、音碟、影碟等。我国比较著名的网上书店有：当当网上书店、卓越亚马逊网上书店、京东商城网上书店等。

和传统的实体书店相比，网上书店不需要售书场地，销售、管理人员也较少，所以大大降低了成本。在网上书店购书，价格便宜，种类齐全，而且送货上门。网上书店的出现，改变了传统的图书销售方式，越来越受到大家的欢迎。

# 学会选择课外书

选读课外书的品种、内容不要太单一。同学们正处于学知识、长知识的阶段，要博览群书。博览，指的是阅读内容的涉及面要广，天文、地理、文学等样样都要看，以开阔自己的知识视野。

在博览的基础上，选读适合自己年龄和心理的书，也可以根据自己的爱好选读。

### ·媒介小知识·

## 分级阅读

分级阅读，是指按照儿童不同年龄段的智力和心理发育程度为儿童提供科学的阅读计划，为不同的孩子提供科学性的、有针对性的阅读图书。简单来说，就是“什么年级读什么书”、“什么年龄读什么书”。科学的分级阅读，可以促进孩子在阅读实践中不断成长。

### 阿波老师告诉你

书是我们的好朋友，它能帮助我们增长知识、开阔视野、陶冶情操。而且，看书越多，阅读能力越强，越有利于各方面的学习，越能提高我们的学习能力。希望同学们从小养成爱读书的好习惯，多看有益的书籍。

### 媒介小作业

## 设计一本属于自己的书

如果让你设计一本书，你会选择什么内容、形式呢？请说说你的设计理由。

# 报纸

报纸是以刊载新闻为主，评论现实生活，引导社会舆论的定期公开出版物。现代报纸有三大特征：刊载新闻、定期出版、公众发行。

## 报纸的发展历史

# 报纸的制作流程

同学们，你们知道报纸是怎样制作出来的吗？让我们一起来看看吧。

## 1 选题会

编报前，主编与编辑、记者以及美编要先开一个新闻选题会，大家根据各自的分工汇报收集到的新闻素材，最终确定当期报纸的报道内容。

## 2 编辑内容分配

确定报道的内容后，主编要向记者、编辑具体分配采写和编辑任务。

## 3 记者采访、写稿

记者根据报道选题采访、写稿。

## 4 编辑改稿，约稿

编辑对记者交来的稿件进行修改，作版面安排或约稿。

# 报纸由什么组成

## 5 版面编排

美编根据稿件的内容进行版面设计和编排。

## 6 校对

校对员根据原稿检查是否有错，比如有没有多字、缺字、错别字、图片与文字不符等现象。

## 7 主编审版签印

主编要对校对好的报纸把关，重点检查有没有政策性问题，版面安排合不合理，标题是否合适，图片是否应用恰当等，然后写上“付印”二字和签名、日期。

## 8 发版

将审定的版面交给印刷厂。

## 9 印刷

由印刷厂进行制版、印刷工作。印刷前要认真检查印刷胶片有没有差错。

## 10 派报

报纸印刷出来后，由投递员将报纸及时送到报摊和订户的手中。

**报头：**报纸第一版上放报名的地方，通常放在版面上端，并注明报纸的创刊日期、总期数、当日报纸版面数和出版日期等。

**报眼：**报名旁边的一小块版面。通常刊登一些单独的、比较重要的稿件，或者刊登当日报纸的内容提要、天气预报和日历表等。

**栏目：**栏目是报纸定期刊登同类文章的园地，比如：“科技天地”、“国际瞭望”、“读者来信”等，就是栏目名称。

**头条：**各版最重要的报道，放在各版最上面的位置，横排报纸以左面为重，直排报纸以右面为重。

**新闻标题：**新闻标题也就是文章的题目，要求用最简短的文字概括出新闻的主要内容。作用是划分、组织、揭示和评价新闻内容、吸引读者阅读。

**新闻图片：**利用摄影技术制作完成的报道新闻的图片。

**图片说明：**用文字对图片进行补充说明。

**导读：**当期或本版报纸重点阅读提示。

# 报社的组织架构

制作一份报纸，要经历一个很严谨和复杂的过程。而要保证这一过程的顺利，需要报社各个岗位工作人员的一起努力。同学们知道报社一般有哪些岗位吗？让我们来看看吧。

**社长**

全面负责报社的各项事务。

**总编辑**

报纸出版的主要负责人，对报纸的内容、方向及出版全面把关。

**新闻编辑**

负责报纸内容的策划、审查和编辑修改。

**记者**

负责新闻稿件的采访与写作。

**美术编辑**

负责报纸的版面设计与编排。

**网络编辑**

负责报社网页的制作、维护和及时更新。

**总经理**

负责报纸除采编以外各项工作的经营与管理。

**广告**

负责报纸广告业务的开发、拓展、审查和刊发。

**发行**

负责报纸订户的开发、拓展，以及将当期报纸及时、准确地送到订户手中。

**印刷**

负责报纸的印刷。

**财务**

负责报社的财务管理、资金流通和清算。

# 通过报纸，我们学到什么？

能够第一时间了解世界大事和新闻，开阔知识视野。

通过看评论和新闻，提高自己的分析能力和辨别是非的能力。

报纸上很多内容都可以积累下来作为写作文的素材。

报纸上有很多实用的生活信息，如天气预报、分类信息等，方便我们的生活。

阿波老师告诉你

## 什么是新闻

新闻是对新近发生的事实的报道。如最近发生的很多食品安全事件，影响到我们每一个人的健康，是社会的大事，所有的新闻类报纸都会进行报道。而我们班谁上课迟到了，谁考了100分等，这不是最近才发生也不是大众关心的事情，最多只能算是班上发生的普通事件，报纸就不会报道了。

## 媒介小作业

### 制作手抄报

请你根据本期学过的报纸知识，自己动手制作一份手抄报，要求一定要有本期介绍的报头、报眼、栏目、标题、图片等元素。（请另附纸）

# 电影

电影是把影像和声音摄录在胶片上，通过放映，在银幕上把影像和声音还原出来的媒介，也是一门可以容纳文学、戏剧、摄影、绘画、音乐、舞蹈、文字、雕塑、建筑等多种艺术的综合艺术。电影的诞生，使人们第一次从银幕上看到一个个活生生的人。

## 电影的发展历史

# 电影有哪些类型

## 故事片

特点：有故事情节，主题鲜明，人物形象生动。
形式：历史片、战争片、喜剧片、科幻片等。
经典作品：《哈利·波特》等。

## 美术片

特点：以绘画或其他造型艺术为主要特征，运用夸张变形的手法进行创作。

形式：动画片、木偶片、剪纸片、折纸片。

经典作品：《喜羊羊与灰太狼》系列等。

## 新闻纪录片

特点：记录真人真事，从现实生活中选取有代表性的例子，反映生活现状。

形式：新闻片、纪录片。

经典作品：《帝企鹅日记》等。

## 科学教育片

特点：传播科学知识、推广技术经验。

形式：教学片、旅游片、科学普及片、科学研究片等。

经典作品：《海洋》等。

# 电影是怎样制作出来的

1 获取剧本（剧本分原创剧本和改编剧本两类）；筹集电影制作所需要的费用。

2 向广电总局提出立项申请。

3 导演选演员、摄影师等，组建剧组。

4 准备布景、道具、服装等。

## 分镜头稿本

媒介小知识

分镜头稿本，是将剧本划分为一个个小的分镜头作为拍摄制作的依据，剪辑时按分镜头顺序把镜头拼接起来，构成完整的作品。

10 洗印、拷贝电影胶片，加数字密钥。

11 电影宣传，发行放映。

一部电影从编剧到出品要经过很多人的辛勤劳动，现在，让我带大家来看看一部电影是怎么拍出来的。

5 导演完成分镜头稿和拍摄方案。

6 拍摄电影。

7 对镜头进行剪辑和润色，制作字幕、画面声音混录、特效制作等。

8 审片。

9 报电影审查委员会审查。

· 媒介小知识 ·

## 电影团队

拍摄制作电影的团队，由以下这些部门组成。

导演部门：导演、场记、演员、剪辑师。

摄影部门：摄影师、摄影助理、灯光师、机械员。

美术部门：美术师、化妆师、道具师、服装设计师、制景师。

录音部门：录音师、录音员、音乐制作。

制片部门：制片主任、制片人、监制、剧务。

特效部门：用计算机等进行视觉设计和特效处理。

· 媒介小知识 ·

## 快镜头与慢镜头

如果摄影师在拍摄时，每秒多于24幅，放映时为每秒24幅，银幕上就会出现慢动作，这就是通常看到的“慢镜头”。当拍摄每秒少于24幅，放映时每秒却达到24幅时，银幕上就出现了快动作，这就叫“快镜头”。

# 3D电影的制作

看过3D电影的同学，都对看3D电影时那种如临其境的感觉记忆犹新。3D电影以立体、逼真的影像取代了传统的平面影像，体现了电影制作技术的一大进步。究竟3D电影是怎么拍出来的呢？

## 3D电影的制作原理

人在观察物体时，由于两只眼睛所处的空间位置不同，左眼看到物体的左侧面较多，右眼看到物体的右侧面较多，这两个图像经过大脑综合以后就能区分物体的远近、高低、大小等，从而产生立体视觉。

左边为左眼视图，右边为右眼视图。

**拍摄** 将两台摄影机架在一个可调角度的特制云台上，两台机的距离跟人的两眼距离差不多，同步拍摄出左右两个视角的两幅图像。

## 3D电影的放映

**放映** 需要两部放映机同时放映。每部放映机前要各装一块方向相反的偏振片，把放映机射出的光变成偏振光。观众戴上特制的偏光眼镜后，左眼只能看到左图像，右眼只能看到右图像。这些画面经过大脑综合后，合成立体图像。

# 解密电影特技

在电影世界里，有会飞的超人，会变形的机器人、外星人，能上天，能遁地……这些全是特技的功劳。

## 合成特技

这是《阿凡达》的拍摄现场和最终合成效果的对比图。演员表演时，通过传感器记录动作和表情，用电脑生成电子角色妮特丽，再把电子角色与真人表演合成。

## 模型特技

电影《泰坦尼克号》中的大客轮泰坦尼克号很豪华，其实，泰坦尼克号只是用上面的这个轮船模型拍的。摄影师在拍好模型照之后再在电脑上用专业软件给影片上的船添加灯光、烟雾等效果，小小的模型就变成巨轮啦！

## 化妆特技

在电影《返老还童》中，皮特扮演一个越活越年轻的老头巴顿，为了表现出不同年龄的巴顿，化妆师采用了化妆特技，先在演员的石膏头像上做出一张老人脸，再涂上泡沫乳胶，上好颜色，最后将定型后的乳胶取下来贴到演员脸上，就变成了老人。

### 媒介小知识

**电影中还有哪些特技**

除了合成特技、模型特技、化妆特技外，还有摄影特技、物理化学效果特技、爆破特技等。

### 媒介小作业

**我最喜爱的电影**

请你想一想，你最喜爱的是哪一部电影，并填写如下信息。

电影名字：…………………… 属于什么电影类型：……………………

用了何种电影特技：……………………………………

我喜爱的理由：……………………………………

# 广播

大家都知道，声音的传播范围有限，超过了一定距离就听不到，但声音借助广播，却能传遍世界每个角落。所以说，广播是声音的媒介。

## 广播的发展历史

# 广播节目的制作流程

了解了广播的发展历史，下面，我们来看一下广播节目是怎么制作出来的。

## 1 节目策划

确定广播节目的定位、特色、形式与内容等。

## 2 撰稿

确定节目的具体内容，根据内容征集稿件，或者进行现场采访。同时选定适合节目播出的背景音乐。

**·媒介小知识·**

**广播跟其他媒介有什么不同**

1. 听广播不须付费，不像报纸、杂志，大都要花钱买，而且不识字或阅读不方便的人也可以听。

2. 广播的接收设备简单、轻便，室内、室外都非常方便收听。

3. 可以边做事边收听广播，一举两得。

4. 通过电话就可以进行广播连线，无论是节目互动或新闻报道，都比其他媒介快捷。

## 3 节目录制

在专业的广播室里进行节目的录制。

## 4 后期剪辑及录音合成

录音之后，首先对录音材料进行检查、剪切，选取其中有用的部分。然后，将选取出来的片断合成一个节目，加入背景音乐，一个完整的广播节目就完成了。

# 广播电台有哪些部门

一个好的广播节目，并不是只靠一个播音主持人就能完成的，需要各个部门的工作人员一起努力。究竟广播电台都有哪些部门呢？让我们来看看吧。

· 媒介小知识 ·

## 广播信号是如何发送的

广播电台将声音转换成电子讯号，通过无线电发射机形成无线电波，由天线发射出去。听众利用收音机接收无线电波，收音机把无线电波还原成原来的声音。这就是广播的发送原理。

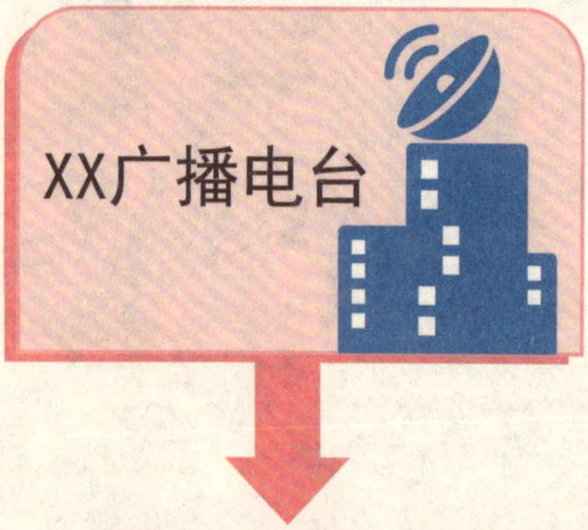


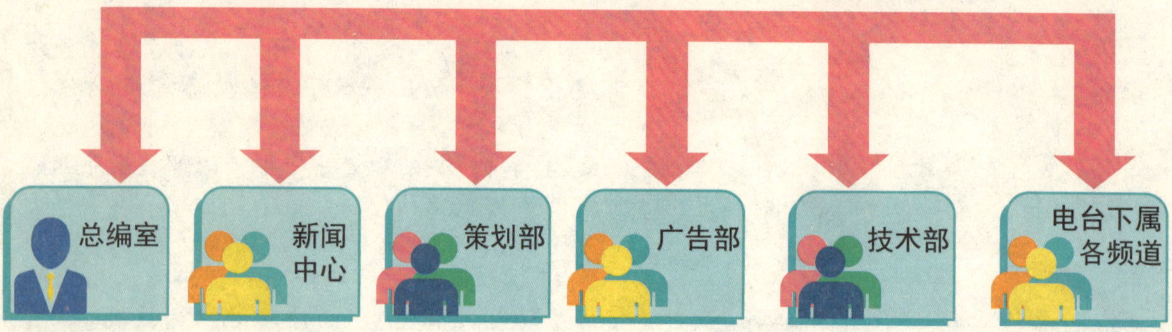

· 媒介小知识 ·

## 收听广播的方式

过去只能通过收音机收听广播，节目播出的时候，如果我们刚好没空，那就只能错过了。现在，除了收音机外，我们还可以通过电脑、手机、MP3收听广播。同学们可以尝试上网去收听各电台的节目，除了可以立即收听到广播电台正在播出的节目外，有些电台会将播出过的节目链接到网站上，这样你就可以在有空的时候上网收听自己感兴趣的节目了。

# 广播在我们身边

通过广播可以了解世界新闻、国家大事。

通过广播可以了解各种最新的生活资讯，包括道路交通状况、购物、列车及航班信息等，方便我们的生活。

在开车、等人的时候，可以通过收听广播来打发时间和调整心情。

在生活和学习中遇到不顺心的事，可以拨打电台热线，与电台的主持人或特约专家进行交流或向他人寻求帮助。

在特殊的节日，可以通过广播电台给特定的人点播歌曲或送上祝福。

在商场、地铁等公共场所，如果丢失了东西或跟家人走散了，可以向广播站求助。

## 媒介小作业

### 用声音做一件有意义的事

声音通过广播能影响我们的生活。请同学们在这一周内用声音做一件有意义的事，并把它写在下面的横线上。

例：

爸爸生日的时候，我送给爸爸一份特殊的礼物，不是鲜花和蛋糕，而是为爸爸唱一首生日快乐歌，向爸爸表达我对他的生日祝福。

我用声音做的一件有意义的事：____________________

# 电视

电视利用电子技术及设备传送视频和音频信号，是重要的广播和视频通信工具。电视的出现，大大地丰富了人们的娱乐生活，也成为新闻报道的主流媒体。

## 电视的发展历史

# 有线电视的产生

以前的电视是无线电视，需要用天线接收信号，但是有些地方接收不到信号就看不到电视。于是有线电视问世了。最初的有线电视系统是在公寓楼顶安装主天线即天线锅接收无线电视信号的。

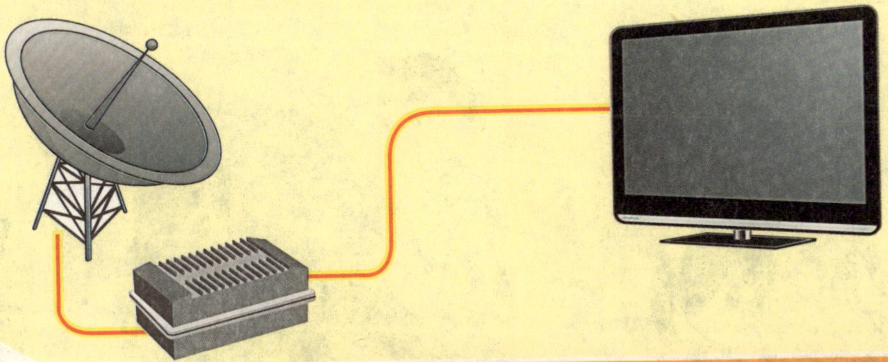

## 有线电视是怎样传输信号的

有线电视通过缆线连接电视中心和用户电视机来传输电视信号，因为不向空间辐射电磁波，所以又叫闭路电视。

### 阿波老师告诉你

在人口稠密的城市，有线电视是最好的传输方式。而人烟稀少或不易铺设电缆的地区，无线传播则更加普遍。

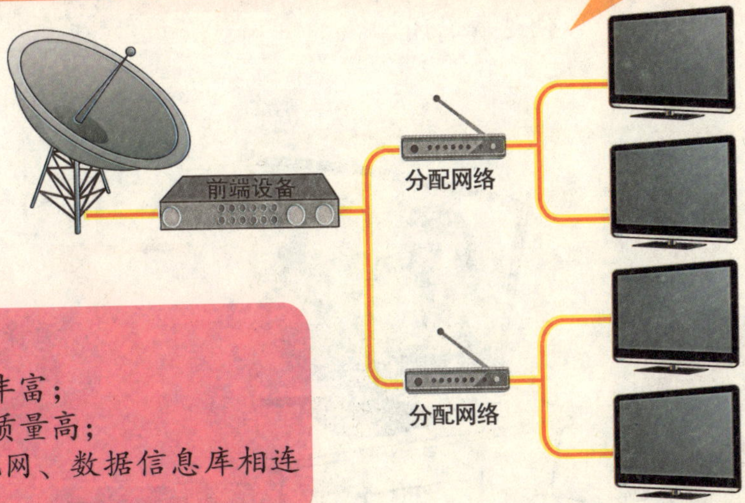


## 有线电视的优点

1. 传输频道多，节目内容丰富；
2. 不易受外界干扰，节目质量高；
3. 有线电视网可和计算机网、数据信息库相连接，用途更广泛。

·媒介小知识·

### “卫视”是什么

我们看电视的时候，总会看到“××卫视”，“卫视”是什么呢？其实，“卫视”的全称叫卫星电视台，是由卫星将电视信号传送到地面电视台，如“广东卫视”的节目都是由卫星传输的。

# 电视新闻是怎么制作的

我们都看过电视新闻，它们是怎么制作出来的？我们一起来看看吧。

1

了解最新的新闻资讯，以便选取新闻。

2

根据采访内容的重要性和规模，决定报道的形式，如：现场直播、专题报道、新闻简讯等。

3

8

审查后，新闻就可以播出啦。

7

审查新闻节目，确保新闻节目的真实性、准确性。

6

采访前，记者和主持人要详细了解采访内容。

4

在现场，记者进行采访，摄影师拍摄新闻所需要的镜头。

· 媒介小知识 ·

**电视台一般有哪些部门**

总编室：节目引进、制作、编排等。

质量管理部：节目监听、监看以及反馈，提出指导意见。

新闻中心：新闻制作、广播。

电视节目中心：各栏目电视节目的策划和制作。

技术管理和播控中心：全台技术设备管理，确保节目安全播出。

广告部：寻找广告商机，以及负责电视台商业广告的制作、播出和管理。

录入主持人的口播画面和声音，制作成新闻节目。

5

编辑处理记者回传的稿件，并按稿件要求编辑画面和字幕。

· 媒介小知识 ·

**电视新闻有哪些类型**

新闻联播：即各电视台同时联合播出的新闻节目。

专题新闻：是对重大新闻进行充分、详尽报道的一种节目形式。如奥运会、全国重要会议等，都有专题新闻报道。

新闻评论：电视台就当前具有较高新闻价值、很多人都关心的重大问题和新闻事件进行分析、发表看法。

# 电视频道知多少

### 阿波老师告诉你

**看电视可以学什么**

- 看新闻节目可以了解天下大事。
- 看科学节目能增长见识，开阔视野。
- 看娱乐节目可以放松心情，娱乐生活。

看电视有利有弊，重要的是要选择适合我们看的节目。同时，看电视不要过度，这样才能让电视成为我们生活、学习的好朋友。

## 媒介小作业

### 我们也来当导演

电视是通过镜头说话的媒介，请你也来试一下，通过5个镜头，向大家展示一下你眼中可爱的校园。

# 电脑

电脑又叫计算机，是一种能够按照程序运行，自动、高速处理海量数据的现代化智能电子设备，是20世纪最伟大的科学技术发明之一。最初，电脑只是应用在军事科研中，现在，人们的学习、工作、生活都离不开电脑了。电脑是信息社会中必不可少的工具，是人类进入信息时代的重要标志之一。

## 电脑的发展历史

# 部分当代全球著名的IT行业生产商

电脑由硬件和软件组成，电脑硬件包括：CPU、内存、硬盘、主板、显示器等；电脑软件包括：操作系统、办公软件、常用软件、杀毒软件等。IBM、微软、联想、宏碁、索尼、三星等公司对电脑硬件和软件的开发和生产作出了重要的贡献。

## 苹果公司（Apple）

——具有革命性的全球著名电脑生产商

总部位置：美国

1976年，美国人史蒂夫·乔布斯、史蒂夫·沃兹尼亚克和罗·韦恩共同创立了苹果公司，其生产的Apple II将个人电脑带进了主流市场，而其设计的iPod、iPhone、Mac book、iPad等产品，多次在全球范围内掀起了购买热潮。

## 英特尔公司（Intel Corporation）

——电脑“心脏”CPU的著名生产商

总部位置：美国

英特尔公司成立于1968年，是全球最大的半导体芯片制造商。1971年，英特尔推出了全球第一个微处理器。

## 国际商业机器公司（IBM）

——计算机产业的领导者

总部位置：美国

IBM创立于1911年，是全球最大的信息技术和业务解决方案公司。其创立的个人计算机标准，至今仍被不断地沿用和发展。

## 微软公司（Microsoft）

——电脑“血液”的最大提供商

总部位置：美国

由比尔·盖茨和保罗·艾伦共同创立于1975年，是世界个人计算机软件开发的先导，现已成为全球最大的电脑软件提供商。其主要发明为Windows操作系统、Internet Explorer网页浏览器及Microsoft Office办公软件套件。

# 电脑的主要硬件是怎样工作的

电脑硬件构成有：主机、显示器、键盘、鼠标等。它们到底是怎样工作的呢？

控制器从内存储器取出指令，得到控制操作的命令，运算器按操作命令的要求处理数据，处理完的结果再送回内存储器保存起来。

**阿波老师告诉你**

电脑的硬件就像我们的身体，软件就像我们的思想，我们的身体接受思想的指令进行活动，而电脑的硬件则执行软件的指令，它们谁也离不开谁。

数据处理完后，计算机将二进制机器码转换为人们看得懂的形式，我再把他们显示出来。

键盘和鼠标：我们把主人的指令输入电脑，并通过显示器告诉主人是否输入正确。输入的内容转换成计算机能够识别和存储的二进制码后，存入内存储器。

**·媒介小知识·**

## 常见的三类电脑

**台式电脑**

**手提电脑** 手提电脑还包括以上网功能为主、体积更小巧的“上网本”，低功耗、高性能、配备最新主流技术的“超级本”。

**平板电脑** iPad是现在最畅销的平板电脑。

# 安全使用电脑

电脑是个宝，但使用不当也会造成伤害，所以，使用电脑时我们要注意——

**1.** 控制电脑屏幕的亮度。屏幕太亮，容易伤害眼睛。

**2.** 台式电脑主机部位、屏幕后方和手提电脑键盘部位辐射比较大，使用时身体尽量不要靠得太近。

**3.** 保持良好的通风环境，夏天可以用电风扇、空调等帮电脑散热。

**4.** 在开机状态下不要随便移动台式电脑。

**5.** 电脑在不用的情况下最好切断电源，长时间通电不仅影响寿命，也容易发生火灾。

## 阿波老师告诉你

电脑是学习、工作的好助手，我们要学好电脑、用好电脑，让电脑更好地为我们服务。但是，同学们不要沉迷在电脑世界里，不要把电脑当成唯一的朋友。因为我们的生活很丰富，除了玩电脑，我们还可以去打球、游泳、唱歌、玩游戏……这样，我们的生活才会更有意义。

## 媒介小作业

### 用电脑画画

请你用电脑自带的绘图软件，以“我的校园生活”为主题，画一幅画，并把画打印出来，贴在右面的方框里。

# 网络

我们生活在网络时代。我们看新闻、搜资料、听音乐、玩游戏、聊天、购物……经常都要用到网络。网络，就像一条纽带，把我们和社会紧紧地连在一起。

## 网络的发展历史

# 部分网络英雄（国内篇）

QQ之父——马化腾

出生：1971年10月29日

主要贡献：推出国内使用最广泛的聊天软件QQ

1998年，马化腾和张志东注册成立了“深圳市腾讯计算机系统有限公司”。由于资金不足，服务器都是借用的。后来，马化腾依靠一份很有发展前景的商业计划书，得到了外国公司400万美元的投资。如今，腾讯已成为中国最大的互联网应用服务及移动应用增值服务提供商之一。腾讯推出的QQ软件，是国内使用最广泛的聊天软件。

个人语录：只要去做，没有什么事情是不可能的。

拉近问题与答案的距离——李彦宏

出生：1968年11月17日

主要贡献：发明“超链分析”技术，开发全球最大的中文搜索引擎百度

李彦宏在美国时，密切关注互联网产业的发展。1999年回国后，他与好友徐勇共同创建了百度公司，并在6个月内完成了目前中国最大、最好的中文搜索引擎的开发。如今，百度已经成为中国人最常使用的中文网站，全球最大的中文搜索引擎和中文网站。

个人语录：专注、专业是保证自己不偏离既定轨道的最好办法。

为电子商务撑起一片天——马云

出生：1964年10月15日

主要成就：创办阿里巴巴网站

1995年，马云创办了中国第一个商业网站“中国黄页”，又在1999年创办了目前全球最大的B2B电子商务平台“阿里巴巴”，改变了千百年来传统的经商方式，为商界创造了无限机会。

个人语录：要有个性，个性不是喊口号，不是成功学，而是别人失败的经验。

# 部分网络英雄（国外篇）

改变世界的天才——史蒂夫·乔布斯

国籍：美国

出生：1955年2月24日

主要成就：引领全球资讯科技和电子产品的潮流

乔布斯是著名的发明家、企业家。他把电脑等产品变得轻便、便宜。想别人想不到的，不断推陈出新，是乔布斯成功的关键。1976年，乔布斯和沃滋尼亚克成立苹果公司，1977年在美国计算机展览会上展出他设计的小型电脑，吸引了众人的围观。1998年，iMac以半透明的外壳一扫电脑单调的灰褐色，加上发光鼠标，令人眼前一亮。在苹果陷入危机时，乔布斯决定为不同的消费者生产一台便携的、实用的产品，由此诞生了风靡全球的iPod、iPhone和iPad。

个人语录：活着就是为了改变世界。

打开看世界的一扇窗——马克·扎克伯格

国籍：美国

出生：1984年5月14日

主要成就：美国第一大社交网站Facebook的创办人

2004年，扎克伯格在哈佛的大学宿舍创办的Facebook网站，在短短几年便风靡全球，成为世界上最重要的社交网站之一，他也成为了全球最年轻的白手起家的亿万富豪。

个人语录：不能靠一时的灵感或才华，而是需要一年又一年的实践和努力。凡是了不起的事情都需要大量的努力。

个人语录：如果用一句话总结如何改变世界，那就是在某种极度兴奋的事业上发奋努力。

用搜索改变人类——拉里·佩奇

国籍：美国

出生：1973年3月26日

主要成就：创办谷歌搜索

1999年，佩奇和大学校友谢尔盖·布林联合成立了Google公司，并让Google迅速发展成为全球规模最大的搜索引擎。佩奇23岁时做了个美梦，梦中，他把所有的网络内容下载下来，通过链接的方式保存。梦醒之后，他当即抓起笔来写，花了一整晚研究出方案，留住了这个美梦。

# 网络新时代

### 移动互联网

移动互联网是结合了移动通信和互联网技术的，可用移动设备使用的网络。移动互联网可同时提供话音、传真、数据、图像、多媒体等服务，通讯便捷。而且，用于上网的工具像手机、平板电脑等都非常轻巧，便于携带，随时随地都可以上网。

### Wi-Fi

Wi-Fi是一个无线网路通信技术的品牌，由Wi-Fi联盟持有，是无线网络的一种。在Wi-Fi无线路由器电波有效的覆盖范围都可以使用Wi-Fi网络。Wi-Fi的网点大部分位于公众场所，如机场、校园、咖啡馆等。

### 物联网

物联网是通过在物品上嵌入电子标签、条形码等来存储物体信息，并发送到后台信息处理系统所形成的网络。物联网让人与物、物与物之间可以相互沟通。如衣服会“告诉”洗衣机对水温的要求，背包会“提醒”主人忘带了什么东西等。

**·媒介小知识·**

## 知识经济时代

知识经济就是以现代科学技术为核心，建立在知识和信息的生产、存储、使用和消费之上的经济。在知识经济时代，人才是经济增长的最重要的资源。

## 云计算时代

“云计算”是指由成千上万台计算机组成的计算机群进行数据的存储和计算工作。实现这些服务的就是云计算机。云计算的内存和硬盘可以无限扩展，更省钱、省时、省力、安全。我们常用的搜索引擎就是一个云计算。

## 社会化媒体

社会化媒体是“能互动”的媒体，能给予用户极大参与空间的新型在线媒体，博客、维基、播客、论坛、社交网络等都属于社会化媒体。社会化媒体的内容主要靠用户创造，每一个人都可以通过文字、图片、视频等形式发布信息、言论，表达自己的观点，并和大家进行交流。

·媒介小知识·

### 通过网络可以做什么

学习：网络能给我们提供很多学习资料。

娱乐：看影视、听音乐、玩游戏能放松心情。

交流：通过社交网站和各种通讯工具保持跟亲朋的联系。

表达：通过微博、博客等发表观点。

消费：网上购物、订票、付款，轻松消费。

# 网络社会化媒体

## 齐齐看

你知道网络还有哪些媒体吗？请填在"其他"一栏，并在相对应的空白处填上国外和国内的相应网站。

# 网络安全记心中

网络上娱乐多，如果过度沉迷，会影响学习、影响身体哦。

网上有很多不良的信息和虚假信息，我们要学会分辨这些信息的真伪，要从可靠的网站获取信息。

上网购物，要选择那些网络规模大、经营时间长、信誉高的网站。购物时要货比三家。

网上交友要特别小心，不要随便跟网友见面，如果一定要与网友见面，也要有大人陪同，并选择在人多的地方见面。

经常上网的电脑要安装个人防火墙，不要在电脑上随便留下真实信息。一旦发现受骗，应及时报警。

预防病毒入侵可采取以下措施：安装并及时更新杀毒软件；定期升级、维护系统和浏览器；在可靠的网站下载文件。

## 媒介小作业

### 我与网络

网络是我们的好帮手，但也会给我们带来麻烦，请回答下面的问题。

我用网络做的事情有：……………………………………

网络给我带来的好处有：……………………………………

网络给我带来的烦恼有：……………………………………

我这样解决这些烦恼：……………………………………

# 电话

早在商周时期，中国的祖先就已经懂得用烽火和类似于漂流瓶的“竹信”来传递信息。有了电话之后，人们传递信息就不用受到空间上的限制，打电话就如同面对面说话。有了移动电话——手机之后，我们可以用电话做更多的事情了。

## 电话的发展历史

1875年6月2日，美国的亚历山大·格雷厄姆·贝尔发明了液体电话筒，并实现了第一次的电话通话。

1878年，德国维尔纳·西门子制造了世界上第一部手持电话。它的听筒和话筒是同一个，听话和说话时要交替使用。

1885年，爱立信公司制造了“埃菲尔铁塔”磁力发电机电话，在当时这是第一款放在桌面上的电话，通过摇动曲柄来接通交换机。

1879年出现了盒式电话，它配备了磁力发电机、铃、锁眼盖、听筒架。它有一个红木做的话筒和一个柱状听筒，话筒和听筒已经分离了。

1905年，美国人威廉格雷发明了世界上第一部室外公共投币电话。

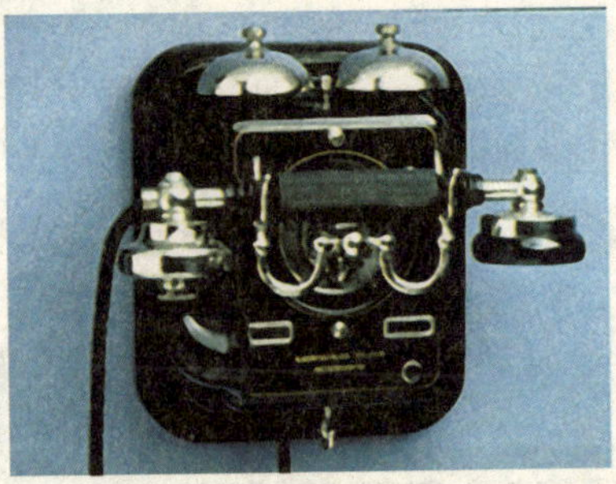

1912年，由丹麦人在哥本哈根制造了CH—08壁式电话。这个电话不仅可以通话，还可自动传真。

1973年，美国著名的摩托罗拉公司的工程技术人员马丁·库帕发明了世界上第一部民用移动电话，并进行了通话，人类开始进入移动手机时代。

·媒介小知识·

## 迟来的电话发明权

贝尔在1875年发明了电话，并获得了电话的发明专利，被人们公认为电话的发明者。然而，贝尔并不是唯一发明了电话的人。意大利的安东尼奥·穆齐早在1854年已制造出像电话机一样运行的样机，由于当时没钱申请专利，直到2002年6月15日，美国国会才追认了他的电话发明权。

# 手机

手机，就是可以移动的电话。有了手机，我们可以随时随地和外界联系。手机是在电报和电话的基础上发展而来的，在现代人的生活中，手机是非常重要的联系工具。

## 手机的发展历史

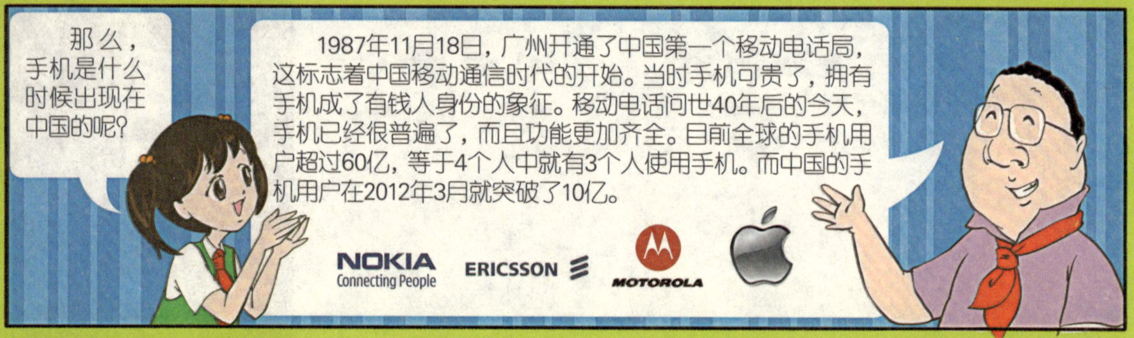


随着科技的发展，现在手机已经进入3G时代了。3G手机的特点是声音清晰，上网快。目前，GSM移动通信网的传输速度为每秒9.6KB，而3G每秒高达2MB。未来的4G网速更快，功能更多。

### 手机的演变

世界上第一部无线电话有两块砖头那么大，体重约1.13千克，靠电池运转，只能通话10分钟。

1973年

模拟移动电话也称“大哥大”，只能进行语音通信，收讯效果不稳定，且保密性不强。图为摩托罗拉3200。

1987年

彩屏手机支持彩信业务的GPRS和上网业务的WAP服务，以及各式各样的Java程序等。图为爱立信T68。

2002年

智能手机不仅可以通话，还具备了掌上电脑的大部分功能。图为iPhone 4s。

2011年

# 手机有什么功能

**短信**

世界上第一条短信是在1992年成功发送的。如今，短信输入除了有键盘输入，还有手写输入和语音输入，并且可以根据短信内容配上漂亮的图片。

**拍照**

第一部具有拍照功能的手机是2000年出现的。拍照手机可以进行自拍、连拍等。

**通话**

除了普通的通话，有些手机还支持可视通话。

**软件**

安装了各种软件的手机，拥有各种功能，比如QQ在线聊天、浏览网页、查找地图等。

**听音乐**

手机可以用来搜歌、听歌、点歌等。有些手机还能自动搜索歌名。

**服务**

手机可以预订很多服务，比如预订酒店、车票，订阅新闻等，购物还可以手机支付。

**玩游戏**

手机上的游戏种类越来越多，还可以用手机联机打游戏。

·媒介小知识·

## 著名手机生产商

诺基亚公司（Nokia）成立于1865年，曾是全球最大的手机供应商。

苹果股份有限公司（Apple Inc）生产的iPhone手机是世界上第一台批量生产，用于商业用途的电容屏智能手机。

爱立信公司（Erisson）1876年成立于瑞典，是最早从事手机业务的老牌公司之一，于2012年2月被索尼收购。

三星电子（Samsung）成立于1969年，是韩国最大的企业集团。

摩托罗拉（Motorola）成立于1928年，发明了第一款商用手机。

# 手机如何实现通话

用手机打电话，我们每个人都非常熟悉，那它到底是如何运作的呢？

第1步：手机发出信号，将呼叫号码发送给基站。

基站是一个能够接收和发送信号的固定电台，负责与移动手机进行通信。

第2步：基站收到信号，告知移动交换中心。

移动交换中心：主要负责整个移动通信系统数据的传输交换、网络管理以及与其他通信系统的联接等，还有手机用户的身份确认与位置更新，通信的路由选择等系统功能。

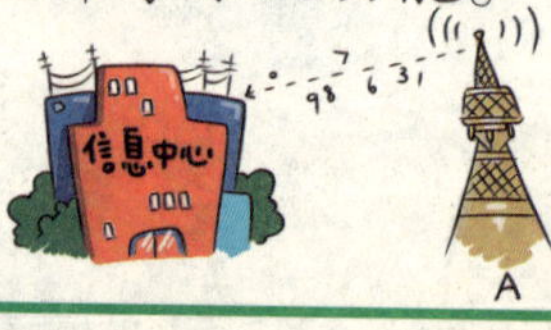


第3步：移动交换中心向全网发出呼叫，查找被呼叫号码的基站位置。

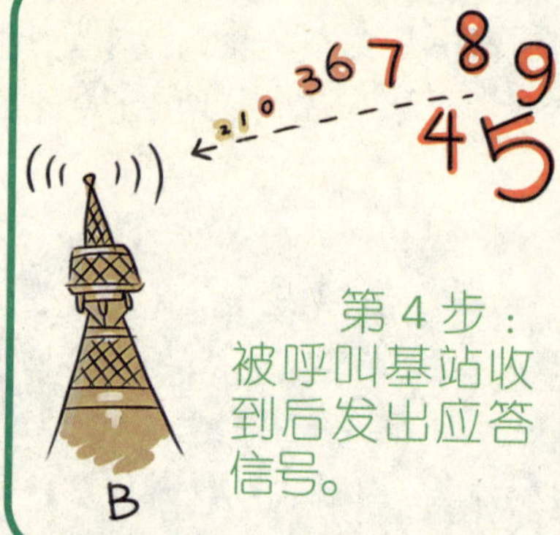


第4步：被呼叫基站收到后发出应答信号。

第5步：移动交换中心收到应答信号后，分配一个信道给通话双方。

信道是通信双方传递信息的通道。

第6步：从这个信道中向被呼叫号码送振铃音，通知机主，机主按通话键，两人即可通话。

## ·媒介小知识·

### 什么是3G

3G是指将无线通信与国际互联网等多媒体通信结合的新一代移动通信系统。3G手机与前两代的主要区别在于传输声音和数据的速度上的提升。

# 手机短信的发展

**1992年** 世界上第一条手机短信诞生。

**1994年** 中国的移动通信网络已经具备短信功能，但很少人用。

**1998年** 中国移动、中国联通先后大范围拓展短信业务，人们开始接受、使用短信。

**2000年** 中国手机短信数量突破10亿条。

**2001年** 爱立信公司成功发送世界上第一条彩信。

**2004年** 中国手机短信数量达900亿条。

## 通过短信可以做什么

1. 发送祝福，交流情感。

2. 提供服务信息，如新闻、天气、房屋出租、招聘、约车等。

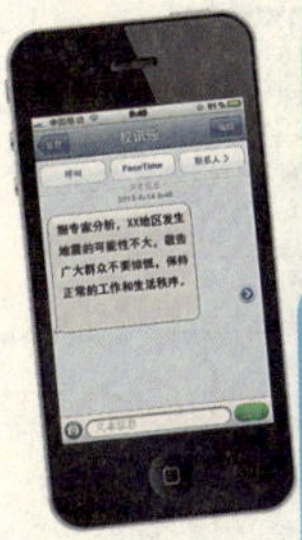

3. 发布重大信息，如申奥成功、预防非典、地震警示等。

4. 商务交往，如开会、洽谈、致谢等。

### 阿波老师告诉你

从1998年至今，十几年的时间，短信逐渐成为人们交流的重要方式，成为我们生活中的一部分，对人们的经济、文化、生活等都产生了巨大的影响。

### ·媒介小知识·

## 校讯通

近年来，手机校讯通功能越来越受到家长和学生欢迎。校讯通是利用现代信息技术实现家庭与学校快捷、实时沟通的教育网络平台，是一套集先进的计算机技术和无线通信技术于一体的信息交流系统。

校讯通的主要作用有：（1）通过手机短信，老师可以将学生的在校情况、学习成绩、期末评语、当天作业、学校的动态和通知等信息直接发送给家长。（2）可通过短信或登录校讯通网站实现学校和家庭、家长与老师之间的沟通和交流。（3）学生佩带校园智能卡，到校、离校的时间校讯通会以短信方式同步发送到家长手机上。

# 使用手机要注意什么

· 媒介小知识 ·

## 电信运营商

电信运营商是指提供固定电话、移动电话和互联网接入的通信服务公司。运营商通过架设网络，给我们提供了移动电话和互联网接入的通信服务。

目前，中国有三大电信运营商，分别是中国移动、中国联通和中国电信。

中国移动通信 CHINA MOBILE 移动信息专家

China unicom中国联通 让一切自由连通

中国电信 CHINA TELECOM 世界触手可及

媒介小作业

## 我来设计未来手机

未来的手机你认为还可以有哪些功能呢？请发挥你的想象力，写在下面的横线上。

新功能1：……………… 新功能2：………………

新功能3：……………… 新功能4：………………

新功能5：……………… 新功能6：………………

# QQ与博客

QQ与博客的出现，深刻地改变了人们使用网络的习惯，人们可以随时随地通过网络与别人交流、分享，并在网上记录自己生活与工作中的点点滴滴。

## QQ的发展历史

腾讯公司于1998年11月在深圳创办，这是中国最早也是目前中国市场上最大的互联网即时通信软件开发商。

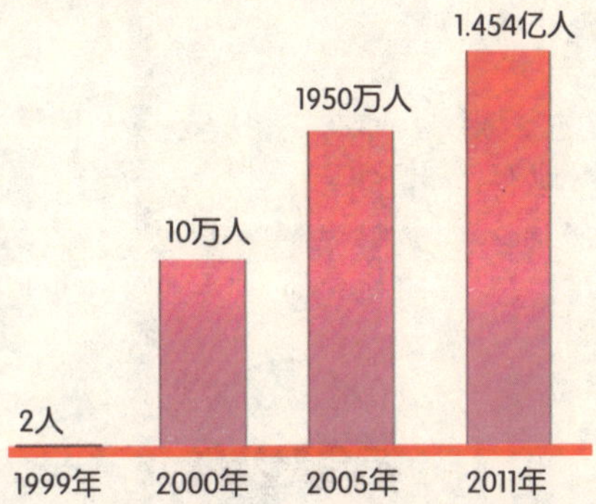


截至2011年底，QQ最高同时在线账户数已超过1.4亿。

QQ的发展深刻地影响和改变了数以亿计网民的沟通方式和生活习惯，并为中国互联网行业开创了广阔的应用前景。

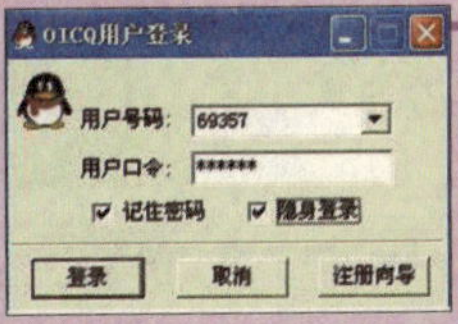


1999年2月，鉴于国际聊天工具ICQ在全球范围内广受欢迎，腾讯也通过模仿正式推出自己的即时通信软件—— OICQ。OICQ意为Opening I see you，即“开放的ICQ”。

· 媒介小知识 ·

### 即时通信软件领域的缔造者—— ICQ

1996年，三个以色列人维斯格、瓦迪和高德芬格聚在一起，决定开发一种使人与人在互联网上能够快速直接交流的软件。他们为新软件取名ICQ，即“I SEEK YOU（我找你）”的意思。ICQ作为全世界第一款即时通信软件，支持在Internet上聊天、发送消息、传递文件等功能。

# 通过QQ可以玩什么

## 写日记

我们可以在QQ空间上面写日记、上传自己喜欢的图片、听音乐、给好友留言等。

**阿波老师告诉你**

同学们在QQ聊天时不要轻信陌生人说的话，也不要随便透露自己的个人信息，更不要随便打开来源不明的链接或文件，同时要定期更改QQ密码，以防QQ被盗。

## 发邮件

通过QQ邮箱可以收发邮件、建立通讯录、订阅电子邮件、报刊等。

## 学习与积累词汇

QQ词典提供了海量词汇的多种解释，包括词语的基本解释、网络解释和例句、百科等内容。

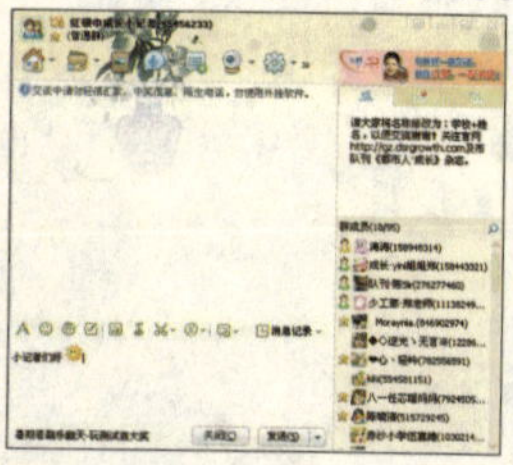

## 聊天

我们不仅可以在QQ上与单个好友交流，还可以通过QQ群，邀请多个朋友或者有共同兴趣爱好的人到一个群里聊天。

## 养宠物

你可以领养一只宠物，然后陪伴它成长的整个过程，包括打工、学习、游戏、结婚、生子……

## 听音乐

通过QQ音乐可以在线听音乐，也可以播放从电脑里下载的音乐，还可以下载好听的手机铃声等等。

## 玩游戏

可以点击进入QQ游戏大厅或登录QQ对战平台玩各种小游戏。

**·媒介小知识·**

### 手机聊天的好工具——微信

微信是腾讯公司于2011年1月21日推出的一款通过网络快速发送语音短信、视频、图片和文字，可以多人在线聊天和视频聊天的手机软件。微信是QQ的兄弟，通过微信可以查看QQ好友，并添加为微信好友；摇一摇，可以找到附近的微信好友；设置QQ离线助手，QQ离线也可以接收你的QQ好友的留言。通过“添加朋友”，扫描微信网页版的二维码，在电脑上可以更加方便地使用微信。至2012年3月30日，仅用了433天，微信用户即突破1亿。

# 博客的发展历史

博客是一种由个人管理、不定期张贴新的文章的网站。“博客”一词源于英文单词Weblog，最初被直译成“网络日志”。后来，人们又将Weblog拆分为we和blog，博客就是由blog音译而来。

# 博客怎么使用

## 传统博客

博客不仅可以当成网络日记记录个人的真实生活，汇编专业的知识与文章，还可以刊登、转载或评论时事新闻。

## 怎样建好中队博客

1. 征求中队队员的意见，起一个大家都喜欢又容易记住的博客名。

2. 选择一个清爽亮丽、能凸显中队文化的博客页面。

3. 让全体队员都能通过中队博客发表自己的文章或者简介，但要推选几位责任心强的队员管理文章评论和留言内容，并每天做好博客内容的更新。

4. 可以邀请老师和家长通过博客与我们交流。

5. 每学期可进行一次“中队博客小能手”评比，提高队员们使用中队博客的积极性。

## 微博

微博最大的特点是：发布信息、传播信息速度快。假如你有200万听众，你发布的信息会在瞬间传播给200万人。在微博上，你既可以作为观众，浏览你感兴趣的信息，也可以作为发布者，在微博上发布内容供别人浏览。

### 微博的独特功能

#### 1. 建立话题

除了在微博上发表心情，也可以在微博上建立话题，发表自己对事情的看法，同时你也可以通过点击进入话题或搜索话题，看看别人的看法是怎样的。

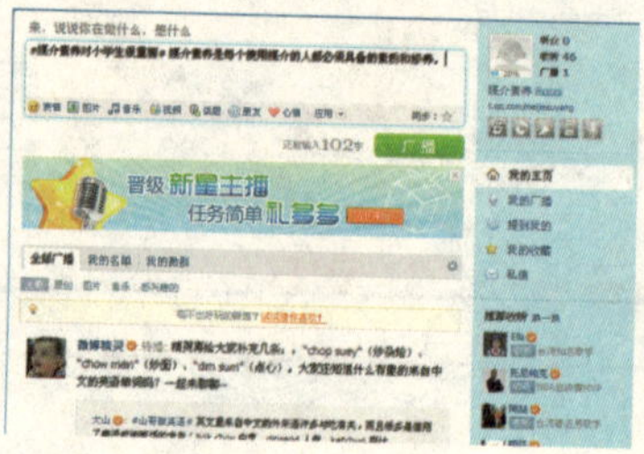

你只需要在发表广播的窗口，点击“话题”，然后在“# #”之间写上话题的名称，就可以发表自己的言论和看法了。

#### 2. 发起投票

除了发表话题，还可以用更直接的方法来了解别人对事件的态度，那就是投票。你只需要点击广播的窗口下方的“应用”—“投票”，输入投票的标题和选项，例如：媒介素养教育对你有帮助吗？就可成功发起投票了。

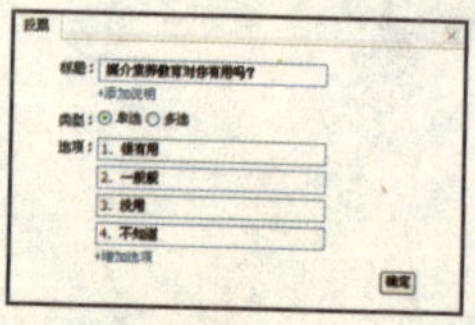

## 轻博客

一般来说，博客与微博都以文字为主，而轻博客更注重图片的展示。

### 轻博客的“亮点”

1. 和博客、微博相比，轻博客的页面更好看，而且，还可以根据自己的喜好自由“排版”。

2. 轻博客是有共同兴趣的人的社交网络。在你创建轻博客账号的时候，系统会提示你选择你感兴趣的话题，然后你就可以在你的轻博客上随时随地浏览到你感兴趣的内容，并能与你有共同兴趣的人一起交流。

阿波老师告诉你

## 使用微博要注意什么

# 怎样让你的博客更受欢迎

无论是博客、微博，还是轻博客，如果你想让它更受欢迎，可以参考一下这几个技巧。

1. 围绕社会热点写博文，会吸引更多人的关注。

2. 内容要有新意，这样别人才能对你的博客有更深的印象。

3. 图文并茂，最好配视频，这样的博文更抢眼。

4. 多转发一些好的内容与博客上的好友、粉丝和访客分享，并多与他们互动。

## 媒介小作业

### 我的新闻微博

请你通过微博发布一条当下最受关注的新闻。注意，字数不要超过140字哦，最好能配上新闻图片。

文字：……………………………………………………

图片：……………………………………………………

# 电视节目与视频网站

现在看电视已经不仅限于电视机了，通过网站，我们可以自由选择看电视的时间和节目。我们先来认识一下电视剧。

## 中国电视剧的发展历史

**内地近40年热门电视剧回顾**

### ·媒介小知识·

#### 电视剧的类型

小品：有戏剧因素的小型电视作品，只有几分钟或十几分钟，形式多样，讲求情趣，分为特色小品和语言小品两类。

短剧：一般在30分钟左右，迅速反映身边的事，每个故事既相关联，又可以独立成篇。

连续剧：人物和故事都是连续的多集电视剧，有警匪、穿越、革命、历史、商战、青春、农村、谍战、悬疑等题材。

系列剧：是分集电视剧的一种。有的有几个主要人物，而每集故事不相关；有的围绕一个主题，而人物与故事每集不同。

# 电视剧是怎样制作的

**阿波老师告诉你**

电视剧大部分是虚构的，不少历史题材的电视剧也会忽略历史事实，虚构情节和人物。所以，同学们看电视剧时，要注意区分真正的历史与电视剧中的历史。一些武打动作片危险刺激，容易令人精神紧张，同学们不宜长时间观看。有的电视剧集数多，看电视花费的时间也多，要注意合理安排时间。

# 最受欢迎的电视节目

## 新闻节目

新闻节目播放的是新近发生的、大众关注的社会新闻，分为新闻联播、专题新闻、新闻评论、新闻消息。最著名的有中国中央电视台《新闻联播》、《新闻调查》、《焦点访谈》等节目。

《新闻联播》

## 社科节目

社科节目以生动的形式向我们讲述各种社会和自然科学知识，CCTV-10的《百家讲坛》和《探索·发现》，CCTV-3的《动物世界》等都属于这一类的节目。

《动物世界》

《NBA直播》

## 体育节目

体育节目通常采用直播的方式播出，并有讲解员现场讲解。体育节目的独播频道有CCTV-5、广东体育频道等。

## 文艺节目

文艺节目有音乐、戏曲、曲艺、舞蹈、文学、小品等内容。《春节联欢晚会》是我国最著名的文艺节目，此外还有CCTV-4的《中国文艺》等。

《千手观音》

《大风车》

## 儿童节目

儿童节目是专门为儿童设计的电视节目，类型多种多样，通常在上学前后，或假日播放。儿童节目的教育性、知识性和趣味性都比较强，很适合少年儿童观看，比较受欢迎的节目有：《大风车》、《童心撞地球》等。

# 轻松、愉悦的电视娱乐节目

娱乐节目轻松，娱乐性强，很受观众的欢迎。我国的娱乐节目经历了综艺节目、游戏节目、益智节目、真人秀等不同的阶段。

《综艺大观》

1. 综艺节目。始于1983年中央电视台举办的春节联欢晚会，最有代表性的是1990年开播的《综艺大观》，内容以传统的歌舞和曲艺为主，明星表演、观众观看，观众基本不能主动参与到节目中。

《快乐大本营》

2. 游戏节目。1997年，湖南电视台制作了《快乐大本营》和《玫瑰之约》，掀起了以“欢乐”和“速配”为主题的娱乐节目浪潮。这些娱乐节目气氛轻松活泼，现场观众还可以参与节目。

《一站到底》

3. 益智节目。以中央电视台1998年推出的《幸运52》与2000年推出的《开心辞典》为代表。益智类节目保留了游戏闯关等环节，新增了知识性的题目，参与者与现场及场外观众可以互动。

《中国好声音》

4. 真人秀。真人秀节目以“海选”、“全民娱乐”、“民间造星”为主要特征。1985年，上海电视台推出了一档以家庭为单位的歌唱大赛，是中国内地最早的选秀节目，它让普通的百姓家庭第一次走上荧屏。

# 视频网站的发展

视频网络提供给我们更加丰富多彩的视频节目，而且用户之间还可以互动，分享有趣的视频。视频网站是怎样一步步走到今天的呢？

2004年，乐视网成立，中国开始有了视频分享网站，内容主要是用户自己上传的视频。

2008年，视频网站通过与电视台合作，开始推出正版影视剧和综艺节目，节目的质量和数量都有了很大的提高。

**网络老师告诉你**

很多网站允许用户上传自己制作的视频，但是同学们在上传视频时，要注意视频不要透露个人信息，内容要健康，还要保护别人的隐私哦。

2010年，土豆网成为全球首家支持苹果IOS4、Android、Symbian、WindowMobile、Java五大平台全部库存视频访问的视频网站，人们可以无线看视频网站上的节目了。

网络广告拉动视频网站迅速发展，网站越来越多，有优酷、土豆、56、酷6、搜狐等，内容也更加丰富，如电影、电视剧、动漫、综艺、音乐MV等。

## 媒介小作业

### 我的看电视节目计划

了解了电视节目后，请你为自己制定一个看电视节目的计划吧。

| | 星期一 | 星期二 | 星期三 | 星期四 | 星期五 | 星期六 | 星期日 |
|---|---|---|---|---|---|---|---|
| 电视节目 | | | | | | | |
| 时间长度 | | | | | | | |

# 流行音乐

音乐是用特定的声音来表达人们思想感情、反映现实生活的一种艺术。我们的生活离不开音乐。而在林林总总的音乐中，流行音乐是最受欢迎的一种。

## 音乐的传播

# 我们耳边的流行音乐

音乐有很多种风格，我们最常接触到的是流行音乐体系里的几个流派：通俗音乐、说唱乐、摇滚乐，它们常以歌曲的形式出现。还有一种民歌我们也经常听到，那就是儿歌。

21世纪亚洲极具影响力的华人摇滚乐队——五月天。

有“亚洲流行天王”之称的周杰伦。

## 通俗音乐（Pop Music）

一种没有固定风格的流行音乐，它容易被大众接受，而且娱乐意义相对较强。常见的偶像歌手多来自于通俗音乐。

## 摇滚乐（Rock and Roll）

主要来源于布鲁斯、R&B、乡村音乐、福音音乐、传统的流行乐、爵士、民间音乐等。其音乐简单、有力、直白，节奏强烈，与青少年精力充沛、好动的特性相吻合。

欧美乐坛流行音乐王子——贾斯汀·比伯。

## 说唱乐（Rap）

主要特点是以机械的节奏为背景，快速地念诵一连串押韵的词句。它的音乐比较简单，有很多重复，多半没有旋律，大部分只有低音的组合和有力的节奏。

《喜羊羊与灰太狼》的主题曲——《别看我是只羊》很受小朋友喜爱。

## 儿歌

是一种以低幼儿童为主要接受对象，具有民歌风味的简短诗歌。它是儿童文学中最古老、最基本的形式之一。内容多反映儿童的生活，传播生活、生产知识等。

·媒介小知识·

### 歌唱选秀节目

近几年，国内电视台流行各种选秀节目，像《中国好声音》、《花儿朵朵》、《天籁之声》、《我是传奇》、《快乐女声》等。由于这些节目非常大众化，只要你愿意，有音乐特长，都可以报名参加，是名副其实的大众音乐节目，所以很受大家的欢迎。再加上比赛中刺激的对抗环节、评委犀利的评价、参赛选手的感人故事，很容易引起观众的共鸣。

# 流行歌曲的制作过程

了解了林林总总的音乐，同学们一定很想知道，歌曲是怎么制作的。下面一起来看看吧。

1 **作曲** 由作曲人创作出歌曲的主旋律。

2 **作词** 由作词人为歌曲填词。

3 **编曲** 一般由制作人为歌曲配上和弦、乐器、声部、和声等等。

4 **录音** 也叫灌录，通常是歌手、乐队在录音棚里演唱或演奏，由音响师进行录制。

5 **后期制作** 一般要进行噪音过滤等步骤，将歌曲以最佳音质呈现出来。

6 **光碟压制** 由光碟厂将制作好的歌曲做成光碟。

7 **发行** 由音乐公司或唱片公司，授权个人或单位出售光碟、唱片。

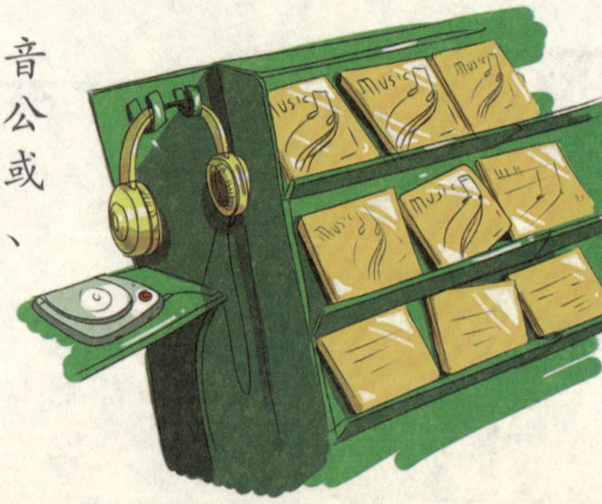

在校园“追星族”的眼里，歌星是完美的偶像。歌星究竟是怎样“炼成”的？一般来说，分为四个阶段：新人定位、形象包装、作品制作、宣传推广。

# 歌星是怎样炼成的

首先，新人要和经纪公司签约，经纪人请专家对新人进行各种测评。然后，公司推荐老师给新人，进行针对性培训。

经纪公司为新人制定具体的衣着、发型、对外答辩方式、工作的发展方向等，对歌星进行形象包装。

根据歌星的特长，经纪公司为歌星接洽各种作品的制作及工作，如歌曲、戏剧、电影等。

有了作品、形象、经纪公司的经费支持，歌星可以四处宣传自己了，这时经纪公司会联系媒体，开发布会、发新闻稿、上节目、跑现场活动、接广告等。

**阿波老师告诉你**

## 追星追什么

歌星的耀眼光环是个人奋斗加商业包装的效果。我们应该学习的是歌星的奋斗精神，而不应简单模仿他们的外形和装扮，更不应因追星耽误自己的学业，花费过多的金钱。

**媒介小作业**

## 我为爸爸妈妈唱首歌

挑一首有感恩或者祝福意思的歌曲唱给你的爸爸妈妈听，并进行录音，在录音的结尾请你说说选这首歌的原因。

我选的歌是：……………………………………

我选这首歌的原因：……………………………………

……………………………………

……………………………………

# 广告

广告是指由一个明确的赞助者，以付费的形式，对某些想法、商品或服务所做的非个人化的展示和推广。

## 广告的发展历史

# 广告在我们身边

下图是小介从清晨起床，到乘车上学，再到走进教室的过程。你能把小介上学中所看到的各种形式的广告一一标注出来吗？

·媒介小知识·

## 商标知多少

商标是标明某个经营者所生产或提供的商品或服务的标志，由文字、图形、字母、数字、三维标志、颜色组合构成。经国家核准注册的商标为“注册商标”，商标注册人享有商标专用权，受法律保护。如奔驰汽车的商标像一个方向盘，工行的商标是一个“工”字。

NIKE　lenovo　可口可乐　中国驰名商标 娃哈哈

# 广告的制作流程

电视广告是现代社会最流行的一种广告形式，电视广告是怎么制作的呢？我们一起来看看吧。

**1** 广告公司根据客户的需要落实广告的制作创意及预算。

**2** 广告创作人要对客户进行创意解释。

**3** 开制作会议，做好广告制作的前期准备。

**4** 根据方案进行广告的内容制作，包括视频或图片拍摄等。

**5** 后期制作，必要时对拍摄好的广告内容进行艺术加工。

**6** 制作好的广告经客户确认，以及相关部门审查通过，就可以在媒体上发布、宣传了。

### ·媒介小知识·

## 广告公司

广告公司是指专门经营广告业务活动的企业，是“广告代理商”的俗称。广告公司负责帮客户策划和制作广告，也可以帮客户选择合适的广告媒体发布广告，同时将广告效果及消费者的反馈信息告知客户，希望通过广告更好地宣传推广客户的商品或品牌。

# 广告是怎样打动我们的

同学们，你们在看广告的时候，有没有被打动的感觉呢？广告到底是怎样打动我们的？让我们来看看广告的这些招数吧。

讲故事　通过讲一个故事，表达商品和我们的关系，使我们产生共鸣。

解释说明　将产品的优点逐一列举说明，帮助我们了解产品、信任产品。

名人效应　通过我们熟悉、喜爱的名人或明星宣传商品的好处，借助名人或明星的效应，使我们对商品产生信赖。

情感打动　以亲情、友情或爱情等为切入点，通过“情”来打动我们的内心。

对比展示　把要宣传的商品与其他商品做对比，突出宣传商品的特点与优点。

口号强化　通过一些朗朗上口的宣传口号，让我们在记住口号的同时，记住宣传的商品。

### ·媒介小知识·

### 《广告法》

《中华人民共和国广告法》于1994年10月颁布，主要是为了规范广告活动，促进广告业的健康发展，保护消费者的合法权益，维护社会经济秩序。《广告法》明确规定“广告不得含有虚假的内容，不得欺骗和误导消费者”，否则就要受到相应的处罚。

# 广告该怎么看

好的广告往往很有创意，我们可以分析每一个广告的创意点在哪里，学习广告里的创意思维。

广告一般都是放大优点，掩饰缺点。所以，我们不能完全相信广告，而应该结合自己的需要，并根据商品的实际质量，选择最合适自己的商品。

优秀的广告都是优秀的艺术设计作品，我们可以从中学习夸张、联想、象征、比喻、诙谐、幽默等艺术处理手法，同时提高审美能力。

广告能帮助我们了解最新的商品信息，让我们在消费的时候做出更好的选择。

广告中的产品有一部分是名牌产品。一般来说名牌产品比较贵，所以，不要盲目追求名牌，要根据自己的消费能力和生活需求决定该不该买。

## 媒介小作业

### 我为学校做广告

请你运用本期学到的广告知识，为你的学校做一次广告吧。

广告词：……………………………………

介绍旁白：……………………………………

需配合的图像：……………………………………

# 动漫

“动漫”是动画和漫画的合称，它们用简单而夸张的手法来描绘生活，其故事引人入胜，又能发人深思。动漫作为一种独特的艺术，深受大家的喜爱。让我们先来认识一下动画吧。

## 动画的发展历史

# 动画片是怎样制作出来的

很多同学都喜欢看动画片《喜羊羊与灰太狼之开心闯龙年》，动漫公司是怎样把它做出来，并搬上银幕的呢？我们一起来看看。

**1.** 提出故事梗概，写出剧本。

**·媒介小知识·**

## "喜羊羊"产业链

随着动画片《喜羊羊与灰太狼》的走红，广东原创动力公司抓住商机，扩大业务，衍生了很多产品，形成一个产业链，以此扩大知名度和盈利渠道。

**链头：** 电视动画创作，形成品牌。

**链条1：** 开拓玩具、服装、食品、家具等消费产品，进一步扩大影响。

**链条2：** 推出电影、动漫图书、儿童音乐舞台剧、动画音乐、手机动漫及举办动漫嘉年华等，提升品牌的影响力。

**2.** 设计人物、场景，画出分镜头稿本。

小黑龙和钻地龙设计图。

**3.** 根据分镜头稿画出背景和每一幅画面，将画面扫描到电脑进行上色，并添加特效。

**4.** 配音和音响效果、音乐的制作。

9.播放。

8.通过海报、电视等进行宣传。

## 动画工作室有哪些部门

**编剧部：**
负责策划、剧本、人物的设定等。

**制作部：**
负责动画制作。

**后期部：**
负责动画配音与字幕的合成。

**行政部：**
负责招聘与日常管理。

**财务部：**
负责审计成本与发放工资。

**宣传部：**
负责宣传推广作品及接待媒体采访。

**授权部：**
负责形象授权，衍生产品的授权。

7.申请播放。

6.审片。

5.画面和声音的合成，插入字幕。

# 工艺动画的制作

在动画片里，我们会看到剪纸动画、木偶动画、折纸动画，这些都属于工艺动画。工艺动画是怎样做出来的呢？我们一起来看看吧。

## 剪纸动画

剪纸动画将中国民间剪纸艺术运用到动画里。制作时，先在纸上画出角色，在关节处剪开，再把各关节连缀起来，做成可自由活动的纸偶。最后把绘制好的背景纸片贴在玻璃上。拍摄时，先将纸偶平放在另一张玻璃板上，再放在背景玻璃板上拍摄。

《延河湾》

## 木偶动画

木偶动画是由木偶戏发展起来的。拍摄时把木偶摆好一个姿势拍一张图片，然后把姿势稍微改变一点再拍一张图片。

《阿凡提》

## 折纸动画

折纸动画将硬纸片和彩纸折叠、粘贴，制作成各种立体人物和立体背景，拍摄方法和拍木偶动画差不多。

《折纸小兵》

**·媒介小知识·**

### 什么是漫画书

漫画书简称漫画，也叫小人书、连环图或漫画杂志，它由一幅幅以夸张的手法描绘人物活动的画面构成一个完整的故事，画面通常伴有人物的对话。

# 漫画知多少

《蝙蝠侠》

说完动画，不能不说说漫画，因为它们不仅艺术形式相似，而且很多动画都是由漫画改编而成的。

## 美国——漫画的发源地

格子漫画最早出现在19世纪90年代的美国。当时美国一些报纸定期连载漫画，吸引了许多读者。其中，《黄衣男孩》是最早的漫画。到了20世纪30年代，以超人和蝙蝠侠为代表的“救世主”式的英雄题材漫画开始流行，美国漫画迎来了黄金时期，并持续到20世纪50年代。

## 日本——漫画大国

20世纪20年代之后，受美国漫画的影响，漫画在日本也开始流行了。当今日本漫画大师宫崎骏的作品享誉全球，开创了动漫的人文主义路线。

《哆啦A梦》

## 中国——漫画的后起之秀

1925年，丰子恺刊载在《文学周报》的画被编者称为“漫画”，中国才有了“漫画”这一名称。1994年，《画书大王》首先推出了中国儿童漫画，深受读者欢迎。自此，各种风格的漫画杂志、报刊如雨后春笋般涌现出来。

原创漫画杂志《漫友》

## 精彩纷呈的漫画作品

## 动手做动漫

准备一支铅笔、一根橡皮筋、用硬纸剪的两张等大小圆片。

**1** 在一张小圆片上画上一个鸟笼。

**2** 在另一张小圆片上画上一只鸟。

**3** 拉开橡皮筋，把两个小圆片贴上去。

**4** 用手翻小圆片，使橡皮筋扭成螺旋状。把手放开就可以看到动画了。

### 媒介小作业

#### 创作动画剧本

请你绘制一幅四格漫画，并根据漫画创作一个短小的动画故事。

# 电子游戏

电子游戏，又称电玩游戏，是通过电子设备，如电脑、游戏机等进行游戏的一种娱乐方式。电子游戏是深受大家喜欢的一种娱乐活动，随着电子技术和网络的发展，电子游戏也越来越丰富、越来越好玩。

## 电子游戏的发展历史

# 电子游戏的种类

电子游戏的类型很多，你知道多少呢？赶快看看吧。

## 街机游戏

街机又叫大型电玩，是设在公共娱乐场所的经营性专用游戏机。街机要靠投币或者刷卡来开始游戏，并且有时间限制。

## 网络游戏

网络游戏简称网游，即在线游戏。通过计算机网络进行游戏，还可以邀请朋友在网络上和你一起玩游戏。

《洛克王国》

## 掌机游戏

掌机也叫便携式游戏机、手提游戏机或携带型游乐器。掌机体积小巧，方便携带，可以随时转换视频游戏软件。由于硬件条件的限制，一般掌机的画面和声音都不如同时期的家用游戏。

## 手机游戏

手机携带方便，在等车、排队的时候就可以玩，手机还能上网，可以多人在线游戏，所以很多人都喜欢玩手机游戏。

《愤怒的小鸟》

## 体感游戏

体感游戏是通过肢体动作的变化来进行的新型游戏。它利用高科技的视频动作捕捉技术，通过摄像头数据分析出玩家的身体动作或手势动作，游戏里的角色就会跟随玩家做出同样的动作，达到人机互动效果。

## 单机游戏

单机游戏只要用一台计算机或者其他游戏平台就可以玩，不需要连接互联网。有了互联网后，很多单机游戏逐渐演变成单机与连线兼备的游戏。

《超级玛丽》

# 电子游戏是怎样制作的

随着电子游戏产业的发展，竞争也越来越激烈，很多大型的电子游戏制作公司都有自己的专业创作团队和精干的市场营销队伍。

了解了电子游戏的种类后，我们再来看看电子游戏《愤怒的小鸟》是怎样制作出来的。

1 构思游戏创意。调研发现玩家们喜欢向空中发射物体的游戏，设计师便决定制作这种类型的游戏。

2 原画设定，包括角色和场景的设计。

3 游戏特效制作，如游戏里施放魔法、爆炸时绚丽的视觉效果。

4 开发程序，将游戏中画面、音效、对话等元素合成，让游戏中的物体按设定动起来，发出声音等。

5 检测游戏存在的问题，提出整改建议。

6 把游戏推向市场。

# 玩游戏为什么会上瘾

游戏设计师善于抓住玩家的心理，让玩家沉浸在游戏世界里。现在，就让阿波老师告诉大家，设计师们到底点中了我们哪些“心理穴位”，使我们流连忘返。

**1.** 游戏可以不断积分、升级，容易产生成功感，让玩家得到满足。

**2.** 利用玩家不服输的心理，在游戏中设置一些难关，让玩家在攻关的时候不断挑战自己，直到取胜为止。

**3.** 利用玩家渴望交流、交友的心情，在游戏中提供交往、交流的机会。

**4.** 利用玩家希望被关注的心理，让玩家扮演游戏主角，满足被关注的渴望。

**5.** 让玩家在游戏中完成现实中做不到的事情，在心理上得到满足。

**阿波老师告诉你**

益智游戏有利于提高玩家的注意力、大脑的思维能力和反应能力，能放松心情，让我们获得乐趣。但游戏的重复刺激使大脑得不到全面的发展，沉迷其中会形成孤僻的性格，影响与他人的关系，损害身心健康。不健康的游戏会影响我们的成长，因此玩游戏一定要劳逸结合，不要过度沉迷，以免影响健康和学习。

## 媒介小作业

### 我喜欢玩的电玩

我喜欢玩的电玩是：……………………

它吸引我的地方是：……………………

我这样安排我的游戏时间：……………………

| | 星期一 | 星期二 | 星期三 | 星期四 | 星期五 | 星期六 | 星期日 |
|---|---|---|---|---|---|---|---|
| 游戏名称 | | | | | | | |
| 用什么玩游戏 | | | | | | | |
| 时间长度 | | | | | | | |

# 记者和新闻

人们经常看新闻，新闻是由记者采写出来的。有了记者的辛勤劳动，才使世界各地发生的新闻得到广泛传播。

## 记者的发展历史

### ·媒介小知识·

#### 中国记者节

每年的11月8日，是中国记者节。记者节像护士节、教师节一样，是我国仅有的三个行业性节日之一。按照国务院的规定，记者节是一个不放假的工作节日。设立记者节，表明党和国家对新闻界和广大新闻工作者的关怀和重视，同时鼓舞和激励新闻工作者继承优良传统，为正义事业呼吁，做好党和人民的耳目喉舌。

# 卓越新闻人

## 邵飘萍

（1886年10月11日~1926年4月26日）

国籍：中国

个人语录：欲改造现实之社会，宜先明现实社会中事物之真象。

邵飘萍是中国近代新闻史上著名报人、中国新闻理论的奠基人，有“新闻全才”、“铁肩辣手，快笔如刀”之称。他坚持“新闻救国”，与黑暗势力作不屈不挠的抗争。1915年初，日本和袁世凯提出灭亡中国的二十一条，他撰文声讨袁世凯。1926年，他在《京报》撰文声讨“三·一八”惨案，被军阀张作霖下毒手杀害，牺牲时年仅40岁。

## 范长江

（1909年10月16日~1970年10月23日）

国籍：中国

个人语录：在时局艰难的时候，新闻记者要能坚持真理，本着富贵不能淫，贫贱不能移，威武不能屈的精神，实在非常重要。

1935年，在抗战的危难关头，范长江深入西部抗战大后方，真实记录了西北部人民的困苦生活，报道了红军长征的踪迹，在全国引起强烈的反响。“西安事变”后，他冒险去西安、延安等地采访，揭开“西安事变”的真相，宣传共产党的革命主张。1991年，中国记协与范长江新闻奖基金会联合设立了“范长江新闻奖”，这是表彰奖励我国中青年新闻工作者的全国性高层次新闻奖。

## 丹·拉瑟

（1931年10月31日至今）

国籍：美国

个人语录：哪里有危险，哪里就有新闻。

丹·拉瑟是美国著名的电视新闻节目主持人，曾获艾美奖、皮博迪奖等。2004年，敢说真话的拉瑟报道了正在谋求竞选连任的布什走后门进国民卫队，以及未办理正式手续就“退役”的内幕，被迫辞职。于是他转投一家高清晰电视节目频道，继续他的新闻事业。拉瑟不畏强权，敢于揭露真相，成为偶像新闻人。

## 奥利亚娜·法拉奇

（1929年6月29日~2006年9月14日）

国籍：意大利

个人语录：作为一个女人，你得更激烈地战斗，也就是更多地观察，更多地思考和创造。

法拉奇以写著名政治人物的访问传记而闻名。她采访技艺高超，采访风格犀利，用语率直，被人们誉为“世界第一女记者”和“文化奇迹”。1980年8月，她来中国采访过邓小平。此外，她还成功地采访了基辛格、甘地、布托、侯塞因、阿拉法特、拉赫曼、西哈努克亲王等很多国家的政治巨头。

# 新闻机构有哪些

## 报社

报社是采集、编辑新闻信息，并以报纸为媒介把新闻信息提供给读者的大众传播机构。如人民日报社、南方日报社、广州日报社等等。

## 广播电台

是采编、制作并利用无线电波或导线传送声音节目的大众传播机构。通过无线电波传送节目的称无线广播，通过导线传送节目的称有线广播，如中央人民广播电台、广州人民广播电台。

## 网站

网站是发布新闻的重要平台。网络新闻的形式有文字、图片和视频。如新浪网、腾讯网、搜狐网等。

## 电视台

是制作电视节目并通过无线电信号、卫星信号、有线网络或互联网播放电视节目的媒体机构，如：中央电视台、凤凰卫视、广东电视台等。电视台播出节目的时间固定，内容可以是自己制作的，或从其他机构购买。

阿波老师告诉你

### 媒介融合

“媒介融合”指不同形式的媒介彼此之间实现信息共享和合作，同一信息通过不同的媒介进行发布。媒介融合打破了不同媒介之间的局限，充分发挥不同媒介的优势。

·媒介小知识·

### 什么是传媒产业

传媒产业是指生产、传播各类信息和知识的传媒机构所构成的产业群，包括文化娱乐行业、出版行业、广电行业、平媒行业、网络媒体行业、户外媒体行业。传媒产业是一种大规模的经济活动，它提供的是信息服务，追求最大限度地吸引受众的注意力。

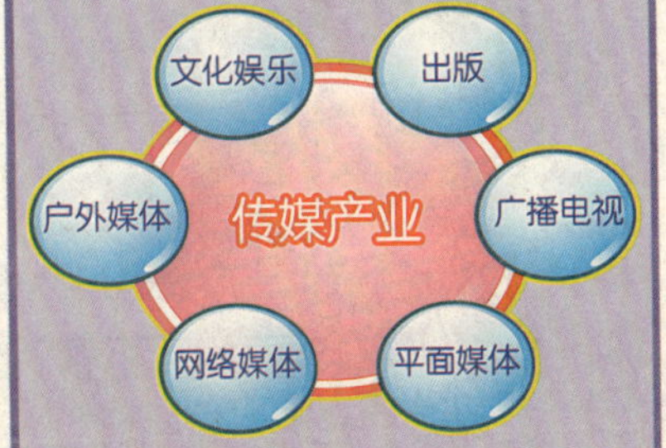


## 通讯社

通讯社是专门搜集和向其他新闻媒体供应新闻稿、图片和资料的新闻发布机构，一般不直接向公众提供新闻。全球六大通讯社为：英国路透社、美国美联社和合众社、法国法新社、俄罗斯塔斯社、中国新华社。

# 新闻是怎样制作出来的

1. 获得新闻素材。新闻素材可从电话报料、通讯员、微博、现场蹲点获得。

2. 核实新闻信息的真假，并了解事件经过和相关的人物。

3. 现场采访、拍照，并做好笔记和录音。

4. 根据采访内容撰写新闻稿。

5. 编辑新闻稿。

6. 通过报纸、电视、网络等媒体发布新闻。

阿波老师告诉你

## 看新闻的好处

1. 足不出户而知天下事，增长见识。
2. 提高分析、判断能力，明辨是非。
3. 接受主流价值观，培养社会道德和规范。

# 记者要遵守的职业道德

记者的任务是将新闻的真相和意义告诉大众，他们需要采访和新闻事件有关的人和事，包括各阶层的人，甚至政府高级官员，所以在国外又有“无冕之王”的美称。而作为一个合格的记者，必须遵守下面这些职业道德。

自觉遵守宪法和法律、法规。

坚持准确、公正、公平、公开、全面、客观的报道。

尊重公民和法人的名誉权、荣誉权，尊重个人隐私权、肖像权，不揭人隐私，避免损害他人名誉的报道。

反对任何形式的“有偿新闻”。

正确行使舆论监督的职能。

**阿波老师告诉你**

要成为一名优秀的记者可真不容易。我国民国时期有位著名的记者黄远生，他提出过记者要有“四能”——脑子能想，腿能走，手能写，耳朵能听。很多同学都想当小记者，要当好小记者，就要向专业记者好好学习。

## 媒介小作业

### 我来写校园新闻

校园里每天都发生很多事，请把你印象中最深刻、最有价值、同学们最关心的事写成一篇新闻稿，跟大家分享，并积极为校园广播站投稿。

..................................................

..................................................

..................................................

# 媒介的兴衰与发展

## 曾经广受欢迎的媒介产品

下面这些媒介产品大都是你们的爷爷奶奶或爸爸妈妈曾经用过的，你见过几样，又用过几样呢？

**留声机** 由美国发明家爱迪生于1877年发明，是用来播放唱片的。只要将唱片放在转盘上，在唱针之下旋转，就可以播放出动听的音乐了。后来的磁带录音机、CD机和MP3播放器就是由留声机改进而来的。留声机比较笨重，唱片大而且难保管。进入20世纪80年代后，随着录音带和CD的大量普及，留声机和唱片慢慢地退出了历史舞台。

**打字机** 是用来代替手工书写、誊抄、复写和刻制蜡板的机器。使用时，通过敲击键盘上的按键，把字打到色带上，从而在纸上打出文章。打字机由意大利人佩莱里尼·图里发明于1808年，在过去的一百多年都是人们打印文件的好帮手。不过，随着电脑和打印机的普及，打字机已基本退出历史舞台。

**电报机** 就是通过电流发送和接收电报（文字讯息）的设备，1835年由美国画家莫尔斯发明。二战以后，随着电话及传真机的普及，电报机逐渐走向消亡。

**录音带** 是20世纪30年代开始出现、用量最大的一种磁带。人们经常通过录音机播放录音带来听歌或学习英文等，还可以用空白录音带录制自己需要的音乐和声音。随着CD、MP3及网络音频的兴起，录音带被使用得越来越少。

**寻呼机** 也叫BP机、BB机、CALL机，简称呼机，是用户随身佩带的一种无线电接受器，每部寻呼机都配有一个专用号。如果你要找的人有寻呼机，你可以拨打寻呼台，告诉话务员你要寻呼的寻呼机号及自己的姓名和电话号码，然后，你要呼叫的寻呼机就会收到你的呼叫信息和你的电话号码，你要找的人就可以马上给你回电话联系了。寻呼机在20世纪90年代初非常受欢迎，但随着手机的普及，寻呼机现在基本没人使用了。

**录像机** 可以记录电视图像和声音，也可以通过播放录像带来观看视频，如电影或电视剧等。录像机于20世纪50年代被研制出来，20世纪70年代中期以后逐渐走进大众家庭，并广受欢迎。但20世纪90年代后期，随着VCD及DVD的普及，录像机慢慢被淘汰。

**CD随身听** 指携带型袖珍CD播放机，一般用来听CD音乐。相对于磁带，CD的音质更好，甚至比现在的电子格式的音频效果还要好。但它相对于MP3、iPod及音乐手机来说，携带不够方便，所以，现在除了一些追求音乐品质效果的发烧友，已经比较少人用了。

**胶卷** 又名底片、菲林，是一种成像器材。老式的相机拍照时，都要把胶卷装进相机里，拍完照后再把胶卷冲晒出照片。这也意味着每拍一张照片都要付出一张胶卷的费用，不像现在的数码相机，随便拍随便删，拍照本身不需要成本。也正因为受到数码相机的冲击，胶卷慢慢被市场淘汰。2012年初，全球最大的胶卷生产商柯达公司申请破产，这标志着相机胶卷时代的结束。

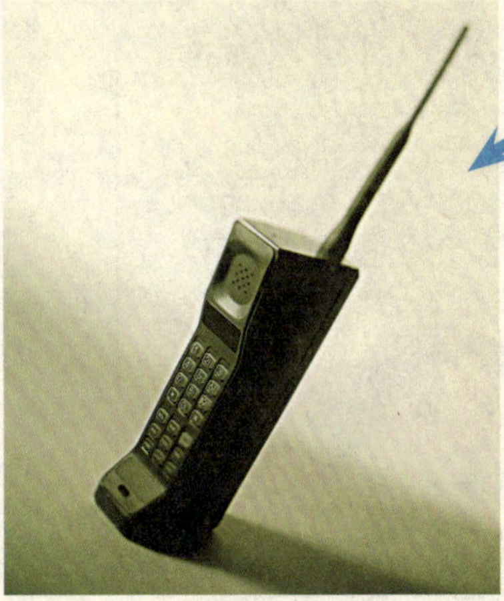

**“大哥大”** 由美国摩托罗拉公司工程师马丁·库帕在1973年发明，是手提电话的俗称。“大哥大”的诞生意味着手机时代的开始，但是“大哥大”这个名字只流行于手提电话面世初期，后来，手提电话越变越小，人们都改称它为手机了。

· 媒介小知识 ·

## 媒介发展的三种形式

**消失** 像我们之前提到过的寻呼机与相机胶卷，已被市场淘汰。

**升级** 像VCD发展为DVD，黑白电视升级到彩色电视。

**融合** 指原先属于不同类型的媒介逐渐结合在一起，像广播已经融合到网络，现在通过手机、电脑也可以听广播了。很多电视节目也逐步融合进视频网站了。

# 未来，媒介会是怎样

如今，上面提到的这些媒介产品，有的已经升级换代，有的只有很少人在用。或许，过不了多久，很多我们现在每天都在用的媒介产品，也会像这些媒介产品一样被更先进、更方便、更实用的新媒介产品替代。

### 未来的网络

在3G网络还未完全普及的现在，4G网络已开始迅猛发展，未来的网络将更加快捷方便，无线网络将覆盖每一个地方。

### 未来的电脑

iPad将电脑带进了“平板时代”与“触摸屏”时代，未来的电脑也将延续这一趋势，更加轻便。而且，人类与电脑的对话也将实现。

### 未来的手机

智能手机的迅猛发展，让手机的功能越来越强大，手机将成为人们首选的上网、阅读与娱乐的工具，许多现在在电脑上完成的工作，未来都可以在手机上实现。

### 未来的家电

未来的家电将更加智能化与人性化，“数字化”家庭是大趋势。通过联网，我们可以随意点播喜爱的电视节目；空调和灯光都可以感应人体的舒适度，自动调整温度和亮度；所有的电器都可以直接口头下达指令……

### 未来的阅读

电子化阅读将成为主流的阅读方式，环保、轻便并拥有巨大容量的电子阅读器将会成为人们阅读的主要媒介工具。电子阅读的文字将结合相应的音乐、高清的图片及动感的视频，让阅读更加生动。

## 媒介小作业

### 我心中的未来媒介

未来将会产生哪些新的媒介，这些媒介又将给我们的生活带来怎样的变化呢？请你发挥想象力并运用学过的媒介知识，一起来畅想一下吧。

媒介名称：……………………

有哪些新的功能：……………………

将取代现在的什么媒介：……………………

将给生活带来什么变化：……………………

### 阿波老师告诉你

媒介每时每刻都在发展着，我们只有不断学习媒介知识，才能适应媒介时代的发展要求，才能学会应用最新的媒介技术来改善我们的生活与学习。